Lesley Black

Himmel, muß ich denn schon wieder segeln?

Lesley Black kann nicht gerade von sich behaupten, die Seefahrt läge ihr im Blut, ist sie doch in der irischen Gartenstadt Welwyn geboren und aufgewachsen, die zwar bekannt ist für ihr Weizenmüsli, ansonsten aber in der Yachtwelt nicht als Segelmekka registriert wird. Dennoch bekennt sie sich heute, nach mühsamem Start, zum Segelsport und bemerkt, daß sie ihrem Schiff über die Jahre immer ähnlicher geworden ist, so wie Menschen allmählich ihren Haustieren gleichen: Sie ist solide und gut gebaut, an den Kanten ein wenig abgeschabt, manchmal temperamentvoll, doch eindrucksvoller Leistung fähig, wenn mit dem nötigen Respekt behandelt. Und ihr Skipper betont, sie verlange sehr viel Aufmerksamkeit und sei teuer im Unterhalt — genau wie das Schiff.

Sie, der Skipper und ihre beiden jugendlichen Crewhands leben in Nordirland. Als Eigner der 11-Meter-Yawl MARY LUNN sind sie Mitglieder des Quoile Yacht Clubs von Strangford Lough und des Irish Cruising Clubs.

Lesley Black

Himmel, muß ich denn schon wieder segeln?

illustriert von Mike Peyton
übersetzt von Beate Zimmermann

Delius Klasing Verlag

Titel der englischen Originalausgabe
MUST I GO DOWN TO THE SEA AGAIN?
First published 1983 by Fernhurst Books,
Fernhurst Road, London

2. Auflage

ISBN 3-7688-0476-3

Printed in Germany 1985
Gesamtherstellung: Hans Kock GmbH, Bielefeld

Inhalt

1	Eine harmonische Zweisamkeit	7
2	Kein schöner Anblick	17
3	Das Skipper-Syndrom	27
4	Navigation ist keine exakte Wissenschaft	35
5	Kombüsensklave	43
6	Von der Wiege bis zur Woge	55
7	Freundliche Segelkameraden	64
8	Segeldöntjes	75
9	Da gab's doch noch was . . .	85
10	Schwestern im Ölzeug	96

1
Eine harmonische Zweisamkeit

Ich leide nicht an verschämter Zurückhaltung, wenn es um meine frühen Segelanfänge geht. Erstens können Situationen, die damals ganz furchtbar waren, aus einem bequemen Abstand betrachtet ziemlich komisch sein. Zweitens ermuntern Bekenntnisse der eigenen Unvollkommenheit auch andere dazu, Erinnerungen mit einigermaßen enthüllenden Zügen hochzuhieven, die sonst streng unter psychologischem Verschluß gehalten werden.

Warum, so frage ich mich, bestehen so viele Skipper darauf, einen Segelneuling — besonders, wenn es sich dabei um eine Frau handelt — in diesen Sport mit der „Schmeiß sie ins tiefe Wasser"-Methode einzuführen? Der Mann einer meiner Freundinnen, der seine eigenen Segelkenntnisse gemächlich und sanft in diversen Jollen gesammelt hatte, investierte das Familienvermögen schließlich in eine ranke Rennmaschine, für die er natürlich ein Crewmitglied in Form seiner Frau brauchte. Als idealen Tag für den ersten Probeschlag wählte er graues, stürmisches, regnerisches und zudem noch nebliges Wetter aus.

„Die beste Gelegenheit für dich, die Reaktionsfähigkeit des Schiffs zu testen", versicherte er ihr eifrig.

Sobald sie aus der Landabdeckung des Ankerplatzes herauskamen, legte der Wind die Yacht flach aufs Wasser, und meine Freundin krabbelte wie ein geölter Blitz — beste Gelegenheit für den Skipper, *ihre* Reaktionsfähigkeit zu testen — auf das Luvdeck, verkeilte sich fest zwischen den Wanten und blieb dort für den Rest der Exkursion hocken. Nur hin und wieder entrang sich ein zages Wimmern ihren verkrampften Lippen, damit ihren Seelenzustand verratend.

Ich kenne einen Arzt, der mir sagte, er sei noch nie einer Frau begegnet, die gelassen auf die Krängung eines Schiffs reagiert habe. Seiner Meinung nach können wir dieses plötzliche, magenumdrehende Überlegen nicht so verkraften wie die Männer. Es hätte was zu tun mit dem seelischen Make-up einer Frau, sagte er. Ich glaube, da hat er recht: Wir Frauen sind im Kopf schon immer mehr im Gleichgewicht gewesen als die Männer. Offenbar hatte er das spezifisch-weibliche Seelen-

Make-up bedacht, als er sich für den Kauf eines Katamarans entschied, auf dem seine Frau ihre ersten Segelerfahrungen sammeln sollte. Er wies sofort darauf hin, daß Katamarane nicht krängen, was ihre Zuversicht unendlich aufmöbelte, versäumte aber leider zu erwähnen, daß diese Schiffe am Wind derart in die Welle krachen, daß einem das Gehirn zu Pudding geschüttelt wird und die Füllungen aus den Zähnen fliegen. Sie fand es dann selber heraus. Es gefiel ihr nicht.

Auch die Motorboot-Enthusiasten haben ihre Probleme. Ich beobachtete einmal ein Pärchen, das einen kleinen Kabinenkreuzer, brandneu und glänzend, auf dem Slip zu Wasser ließ. Er mühte sich ab, makellos in Hellblau mit Schirmmütze und Pfeife, wie einer Tabaksanzeige entstiegen, sie ganz Faltenrock, Seidentuch und Sonnenbrille, eine Art nautische Jackie Onassis.

„Ich gehe jetzt an Bord", flötete sie, „ich muß einfach beim Stapellauf an Bord sein!"

„Dann mal rauf mit dir, Schätzchen", rief er so herzlich, wie es ihm die Pfeife im Munde gestattete.

Doch kaum hatte ihr riemchenbeschuhter Fuß den Cockpitboden berührt, als der Skipper auf einem besonders großen und saftigen Fladen Seetang ausrutschte — ein blaubehoster Hintern klatschte schmerzhaft auf den Asphalt. Der Skipper verlor die Kontrolle über den Slipwagen. Schiff und Lady sausten in die Wellen, ohrenbetäubende Schreie störten die morgendliche Stille.

„Eine Leine, schmeiß eine Leine rüber!" brüllte er. Sie ergriff ein säuberlich aufgeschossenes Ende und warf es so wie es war mit gleichermaßen erstaunlicher Kraft wie Akkuratesse zu ihm herüber, denn es erwischte ihn voll an der Schläfe und legte ihn wieder um.

„Dämliche Kuh!" heulte er auf.

Als sie das letzte Mal gesehen ward, machte sie, Heck voraus und unter hysterischem Schluchzen, gute Fahrt auf die Sandbank in der Mitte der Bucht zu.

Das soll nicht heißen, daß wir es uns überhaupt erlauben können, darüber zu lachen. Als wir unser allererstes Segelboot zu Wasser ließen — eine Skorpion-Jolle —, hatte man uns alles über das Auftakeln an Land erzählt und darüber, wie man die Segel setzt. Doch niemand hatte erwähnt, wie sich Schoten dabei ver-

Und verkeilte sich fest zwischen den Wanten . . .

klemmen und vertörnen können. Es war ein Kinderspiel, die Jolle ins Wasser zu bringen — ein Rad des Slipwagens war heimtückisch über den Rand des Slips hinausgeraten, und sie fiel vom Wagen —, und dann füllte auch schon eine verspielte Brise das Großsegel. Hätte der Skipper nicht in voller Montur einen olympiaverdächtigen Kraulsprint eingelegt, hätte die MARIE CÉLESTE als Geisterschiff Konkurrenz bekommen.

Das größte Problem bei diesem neuen Abenteuer aber war, daß keiner von uns die leisteste Ahnung davon hatte, wie man segelt, nachdem das Schiff erst mal im Wasser schwimmt. Eine Tatsache, die der Skipper nie zugegeben hätte; eher wäre er gestorben (sehr wahrscheinlich durch Ertrinken).

Männer im allgemeinen hätscheln die Überzeugung, daß ihnen ein Verständnis für alle nautischen Dinge innewohnt, wie tief verborgen auch immer, das irgendwie zum Vorschein kommen wird, wenn vonnöten. Auf jeden Fall schnappen sie den Segeljargon überraschend schnell auf. Innerhalb weniger Stunden war mein Skipper in der Lage, Kommandos zu brüllen, die völlig korrekt klangen, doch mir unbegreiflich waren — und ihm vermutlich auch. „Du kannst schon mal die Stagreiter der Genua anklammern, während ich dieses Fall einschere" mag einem versierten OSTAR-Mann verständlich sein, wird aber bei einem Crewmitglied, das einen Schnappschäkel nicht von einem Türkenbund unterscheiden kann, nur verständnisloses Gaffen hervorrufen.

Obwohl er mit den gellenden Kommandoschreien die Masse der Wochenend-Zuschauer ziemlich beeindruckte, mußte der Skipper schließlich auf eine allgemeinverständliche Sprache zurückfallen, wenn etwas getan werden sollte. Doch da „Mach diese Metalldinger an den Draht da vorne" nicht ganz dieselbe Hochseeglorie umgab, murmelte er solche Befehle schamhaft aus dem Mundwinkel, was wenig zum Verständnis beitrug. Wir verließen den Steg gewöhnlich in einer Mischung aus Verwirrung und gegenseitiger Feindseligkeit — nicht gerade ein vielversprechender Start in einem Sport, der uns doch in eine enge, harmonische Zweisamkeit führen sollte.

Aus unerklärlichen Gründen bekamen wir unser Zusammenspiel schließlich irgendwie in den Griff, wurden dann aber natürlich zu selbstsicher und — noch schlimmer — anderen gegenüber überheblich. Mit neugefundener Bravour gaben wir unsere gut eingespielte Methode auf, alle Segel ungefähr eine Meile vorher runterzunehmen und zum Slip zu paddeln. Statt dessen wagten wir die spektakuläre Annäherung unter Segeln. Um genau zu sein: bis zu jenem Tag, an dem wir mit ungewöhnlicher Geschwindigkeit heranrauschten. Aus der freundlichen Brise war unversehens ein kräftiger Wind geworden, während wir an der dritten Regattabahnmarke noch Unterhaltszahlungen und die Aufteilung der Kinder diskutierten. Es war ein grausamer Schicksalsschlag, daß ausgerechnet in diesem Augenblick ein jeansbehoster Motorboot-Enthusiast, der allerletzte in unserer elitären Rangliste, seinen Kahn zu Wasser ließ. Wir kamen hereingefegt, gerade als sein „rücksichtsloser Säufer kostbaren Treibstoffs“ das Ende des Slips erreicht hatte.

„Laß alles sausen!“ brüllte mein rasender Held, und ich — gehorsam bis in den Tod — ließ blitzschnell sowohl Schoten als auch Fallen rauschen. Eingehüllt in Meter um Meter schlagenden Segeltuchs preschten wir weiter, anzusehen und -zuhören wie eine rächende Erscheinung aus der Geisterwelt. Wahrlich erstaunlich, wie groß — und wie teuer — das Loch war, das unser Bug in seinen blitzenden Rumpf bohrte!

Trotz unseres unspektakulären Starts stiegen wir die Yachtleiter rasch hinauf und reihten uns in die Ränge der Kielbootbesitzer ein. Schon bald trat FLORA, eine sieben Meter lange, einmalige Gelegenheit ungewisser Herkunft, in unser Leben. Uns brachte sie kein Glück. Mein erster und einziger Ausflug mit ihr kam abrupt zu einem Ende, als der Lümmelbeschlag des Großbaums präzise in derselben Sekunde klemmte, als ihr Außenborder beschloß, ins Wasser zu jumpen, und das alles zeitgleich mit unserem Versuch, uns vorsichtig durch die geballte Startmasse der heimischen 505er-Meisterschaft hindurchzuwinden. Wir sahen uns gezwungen, eine Urlaubsreise anzutreten, bis sich eine gewisse Aufgebrachtheit gelegt hatte, und waren bei unserer Rückkehr gar nicht mal so überrascht, daß auch FLORA eine leichte Verlegenheit gespürt haben mußte, da an unserer Muring nur noch ihre Mastspitze mit der obligatorischen Möwe drauf zu erblicken war. Kein Sabotageakt wütender Regattasegler, wie wir zunächst vermuteten, sondern auf einen frischen Südwest und ein ungesichertes Bullauge zurückzuführen.

... nur noch die Mastspitze mit der obligatorischen Möwe drauf war zu erblicken.

Die wegen finanzieller Zwänge nun folgende Windstille war erholsam, aber kurz. Vergebens versuchte ich, den Skipper für Golf zu interessieren, für Bowling, Billard und Petit-Point-Stickerei. In Wahrheit war auch ich nicht mit ganzem Herzen dabei. Es hatte mich bereits erwischt, ich hatte tatsächlich schon mal hier und da für fünf Minuten Gefallen dran gefunden. Ich zappelte schon — ganz gegen meine Absicht — fest am Haken.

Jedoch — ach! — meine zarte Bindung bedeutete nicht, daß von nun an alles eitel Freude war. Ich hatte geglaubt, daß es bei uns an Bord ziemlich vorbildlich zuging. Wir diskutierten alles aus und fällten auf vernünftigen Kompromissen basierende Entscheidungen. Bis ich eines Tages hörte, wie mein Skipper gefragt wurde, ob es ihm etwas ausmache, bei irgendeiner Regatta auf dem Startschiff mitzufahren.

„Warum nicht, ich bin ja sowieso immer auf einem verdammten Schiedsrichterkahn", entfuhr es ihm gefühlvoll.

Als wir mit einigermaßen ernsthaften Fahrten begannen, waren wir uns der drohenden Gefahr möglicher Spannungen bewußt und beschlossen, sie in geschützten Gewässern auszudiskutieren, bevor wir versuchten, zu ehrgeizigeren Zielen aufzubrechen. Es lief auch alles so wie es sollte, denn unser Heimathafen Strangford Lough in der lieblichen Grafschaft Down liegt vor dem schlimmsten Wetter gut geschützt. Obwohl das Revier großräumig ist, mit gerade genügend Felsen und Inselchen, um dem Leben die rechte Würze zu verleihen, ist es gleichzeitig für den ängstlichen Segler überschaubar: Yachtclub, gutsortierte Bar und die Sicherheit der eigenen Muringkette sind selten mehr als eine Segelstunde (für Nichtpuristen eine halbe Motorstunde) entfernt.

Die erste dunkle Ahnung, daß Fahrtensegeln nicht immer so ist, dämmerte mir, als ich mich mit dem Versprechen auf nächtliche Orgien in den heißesten Pinten der Isle of Man durch die reißenden Tidenströme der Narrows hindurch zur Überquerung der Irischen See verlocken ließ. Ein geringfügiger Fehler im Ablesen der Gezeitentafeln plus frischer auflandiger Wind zerstreuten bei der Annäherung an die Barre in entschieden dem falschen Augenblick schnell meine hochgespannten Erwartungen. Unser stabiles Acht-Meter-Schiff, bislang gesetzten und folgsamen Temperaments, zeigte neue Züge, als es in den tückischen, steilen Seen hochstieg, runterklatschte und sich darin wälzte. Das Baby, das bislang friedlich in seiner Tragetasche auf den Bodenbrettern der Kajüte geschlummert hatte, schaute erschreckt über den Rand, als es von der Matratze hochschleuderte und mit atemberaubendem Aufprall wieder landete. Der ältere Sprößling, zu jener Zeit etwa sechs Jahre alt, suchte straußenähnlich aus nur ihm einleuchtenden Gründen unter markerschütternden Schreien: „Will nicht, will nicht!" kopfüber in einer Backskiste Zuflucht.

Dunkel erinnerte ich mich, daß ein mitreißendes Lied in Streßsituationen sehr hilfreich sein soll, und suchte fieberhaft nach einem geeigneten Song. Mir fiel aber nur „Old Father Thames" ein. Die Mannschaft der feudalen Yacht, die soeben mit voller Pulle vorbeirauschte und unsere Lage mit ihrem haushohen Kiel-

wasser nicht eben verbesserte, muß ein wenig verwundert über die grüngesichtige Gestalt bei uns am Heck gewesen sein, die lauthals bekannte, sie sei „hoch auf dem Berge, tief im Tale, sorglos und frei, fallala“, dabei ein Kleinkind unter den Arm quetschend und mit einer roten Baby-Plastikklapper den Takt rasselnd.
Ich kann mich des Eindrucks nicht erwehren, daß Männer ihrer Mannschaft gegenüber mehr Rücksicht zeigen könnten, als sie es gemeinhin tun. Von Emanzen in Kastrationsängste getrieben, sind sie dazu entschlossen, ihr Macho-Image an Bord auf jeden Fall zu bewahren, weigern sich schlichtweg, Anfälle von Verzagtheit zu bemerken, und ziehen sich statt dessen hinter einen Schutzwall aus plumper Herzlichkeit und männlicher Stärke zurück.
Es brauchen nur einige wenige dieser Typen zusammenzukommen, und die Symptome verstärken sich bis ins Unerträgliche. Wie oft haben wir uns, genau wie andere unselige Segler auch, unseren Weg durch Gegenwind, Regen, Hagel und aufgewühlte See bis in den gesegneten Frieden eines geschützten Hafens erkämpft. Erschöpft, zitternd und kreidebleich haben wir uns kaum an den Steg verholt, als auch schon die Skipper oben an Deck unter schallendem Gelächter herablassende Witze reißen über die „nette Brise“ und die „kleine Dünung“ draußen. Inzwischen klauben die Frauen unter Deck in stummer Wut den durcheinandergeschüttelten Haushalt wieder zusammen, beruhigen vor Angst wahnsinnige Kinder, holen die Brandyflasche hervor oder suchen im Seehandbuch nach der nächsten Eisenbahnverbindung in die heimatliche Sicherheit.

Eine gute Freundin von mir machte einmal einen langen, harten Segeltörn von Wales zum irischen Hafen Kinsale mit. Es war kalt, naß und anstrengend, und erst in den frühen Morgenstunden legten sie dankbar in der fast leeren Marina an und krochen sofort in die Kojen. Meine Freundin fand es daher überhaupt nicht komisch, als sie morgens von lauten Stimmen eines lärmenden Gelages geweckt wurde, darunter auch deutlich diejenige ihres eigenen Skippers, und dem unverwechselbaren Geräusch von Sektkorken. Rotglühend vor Wut riß sie das Luk auf.

„Was zum Teufel denken Sie sich dabei, zu dieser Zeit eine Party zu veranstalten?“ schrie sie die Gesellen auf den großen Yachten an, die inzwischen ihr eigenes Schiff umgaben. „Nehmen Sie gefälligst Rücksicht auf Leute, die wirklich *segeln*! Wissen Sie denn nicht, daß einige von uns *dreißig Stunden* unterwegs waren?"

Damit knallte sie das Luk zu und kroch wieder in die Koje. Hinter ihr verblüffte Stille. Erst Stunden später wagte sich ihr Mann unter Deck, und selbst dann hielt er es für ratsam, nicht zu erwähnen, daß die Herren, die ihren Schlaf so gedankenlos gestört hatten, die Siegermannschaften eines soeben beendeten Rennens waren: Sie kamen aus Newport, Rhode Island, USA.

2
Kein schöner Anblick

Als meine Freundin diesen Transatlantikseglern die Meinung sagte, beruhte ein Großteil ihrer Wirkung auf den splitternackten Tatsachen, die sie durch das Vorluk streckte, da ihr Schlafsack der Schnelligkeit ihres Hechtsprungs aus der Koje nicht gefolgt war. Zum Glück sind solche Zwischenfälle selten, doch birgt die Kleiderfrage selbst für den normalen Segleralltag Probleme.

Beim Packen für einen Törn hat man die Wahl, entweder auf die Stimme der Zuversicht zu hören, die da meint, ein winziger Bikini oder auch zwei und eine große Flasche Sonnenöl seien völlig ausreichend, oder man gehorcht den Warnungen bitterer Erfahrungen, die auf einem genügend großen Vorrat an dicken Pullovern, festen Hosen und langen Unterhosen bestehen. Wahre Pessimisten werden noch einen kompletten Satz dieser betörend attraktiven Thermalunterwäsche hinzufügen, die vom Kopf bis zu den Füßen eine Körpertemperatur knapp unterhalb Saunabedingungen hervorruft und an denjenigen Stellen juckt, wo eine Dame sich nicht kratzt.

Selbst von Frauen, für die es nichts Schöneres gibt, als vor Spiegeln in Ankleidekabinen zu paradieren, kann der Einkauf von Segelklamotten nicht als reine Freude betrachtet werden. Rar sind die Schiffsausrüster, die wertvolle Ladenfläche verschwenden, um der Eitelkeit ihrer Kunden Vorschub zu leisten. Richtige Kleiderständer sind selten, und wenn es sie wirklich gibt, sind sie oft derart mit willkürlich zusammengewürfelten Stücken behängt, daß jeder Versuch, die Ständer zu drehen, um annähernd die richtige Größe herauszufischen, unweigerlich zu einer Lawine von Drahtbügeln und marineblauer Wolle führt.

Das Büro des Managers wird zögernd angeboten . . .

Frage nur, wo der Umkleideraum ist, und du wirst erhobenen Augenbrauen und einem hohlen Lachen begegnen. Wenn du Glück hast, führt man dich in einen umfunktionierten Putzmittelschrank, vollgestopft mit Besen, Eimern und schwankenden Kartonstapeln, oder vielleicht wird dir auch zögernd das Büro des Managers angeboten, natürlich ohne Spiegel, mit aufgetürmten Rechnungen auf dem Schreibtisch, Beschwerdebriefen, schmutzigen Kaffeetassen und einem ständig schrillenden Telefon. Schlimmstenfalls läuft es so ab: „Hier, meine Liebe, gehen Sie nur hinter den Stiefelständer. Ich gucke derweilen zur anderen Seite." Dann folgt ein peinliches Gewurstel und schwitzendes Gezerre, während du dich nervös umsiehst und inständig hoffst, morgens den guten BH angezogen zu haben.

Falls es einen Spiegel gibt, ist er immer am falschen Ende des Ladens, dort, wo die Skipper ihre modischen Kopfbedeckungen aufprobieren und entscheiden, welcher Deckel ihnen den Anschein der größten Autorität verleiht oder auch (wenn sie selbstkritisch sind), womit sie am wenigsten wie ein verirrter Zoowärter aussehen. Das Spiegelglas wird in der falschen Höhe und fast völlig mit Aufklebern zugepappt sein, die für Motoröl und Angeln werben oder Datum, Ort und Kurs der Soling-Meisterschaften des vergangenen Jahres verkünden. Die mitsegelnde Frau ist gezwungen, bedeckt von Metern schlechtsitzenden, leuchtend orangefarbenen Ölzeugs und einem mehrere Nummern zu großen Südwester, unter den kritischen Blicken einer Ansammlung von Möchtegern-Chichestern durch die gesamte Länge des Gebäudes zu traben und sich dem Urteil ihres Skippers zu stellen.

„Ich empfehle immer, das Ölzeug eine Nummer größer zu nehmen", schnurrt der gerissene Verkäufer, der sehr wohl weiß, daß er keine kleine Größe auf Lager hat. „Sie können dann einen großen warmen Pullover drunterziehen. Ich habe da gerade eine schöne Auswahl aus reiner Wolle mit Streifen — wo sind die nur hingekommen . . .?"

Der weise Skipper, dessen Crew sich in einem solchen Aufputz präsentiert, hält sich mit amüsierten Kommentaren zurück, oder es kommt zu einem hastigen Herabreißen der Plünnen, einer kurzen und auf den Punkt genauen Abhandlung

„Sie können einen großen warmen Pullover drunterziehen . . .“

darüber, was er mit sich und seinem Schiff machen kann, einem sich langsam auflösenden Auspuffwölkchen, wenn sie den Schauplatz per Wagen verlassen hat, und es endet mit stattlichen Rechnungen für Blumen und französisches Parfüm, um den Status quo wiederherzustellen. Plus, natürlich, der Folge, daß er sich in Zukunft von simplem Eintopf ernähren oder sich eine Crew mit weniger sensiblen Nerven suchen muß.

Trotz alledem lohnt sich vermutlich die Mühe dennoch, sich seine Segelklamotten selber auszuwählen. Denn sonst kann es passieren, daß der Skipper es für dich tut, in Erinnerung an die bitteren Vorwürfe, die er zu ertragen hat, wenn der geliebte Freizeitanzug seiner Lady durch Salzwasser, Diesel und Baked-beans-Soße ruiniert ist. Einige Frauen halten dies sogar für eine schlaue Methode, nach dem Motto: Wenn er mit mir segeln will, soll er gefälligst auch die Rechnung dafür zahlen. Doch ich würde das bezweifeln. Es ist solch eine unangenehme Überraschung, wenn du an deinem Geburtstag herausfindest, daß das Goldarmband und der luxuriöse Kaschmirpulli, worauf du seit Wochen angespielt hast, die Gestalt von saugfähigen Seesocken, geschäftsmäßigen Seestiefeln und eines Sicherheitsgurts angenommen haben. Meine kluge Alternative heißt: Kaufe selber und zahle von seinem Konto. Und sollte er auch nur den leisesten Einwand wagen: siehe oben!

Es kann ein ziemliches Lotteriespiel sein, sich seine Ausrüstung selber zusammenzusuchen. Denn woher soll man wissen, wenn man noch nicht viel gesegelt hat, ob taillen- oder aber brusthohe Ölhosen für eine Dame am besten sind. Ich persönlich ziehe bis zur Brust reichende Hosen vor, denn die anderen müssen einen ziemlich beengenden Gummizug in der Taille haben, um bei der Arbeit nicht herunterzurutschen. Vorausgesetzt, man gehört zu diesen schmalhüftigen männlichen Typen, die der Hersteller im Sinn gehabt haben muß, ist das in Ordnung; doch für eine Lady mit gutem, gebärfreudigem Becken bedeuten sie viel Zerren, Keuchen und Luftanhalten. Die Brusthohen rutschen einfach rauf und runter, lebenswichtig für eine Dame, die sehr nötig aufs Klo muß. Außerdem schützen sie besser; man darf sich nur nicht an seiner tonnenähnlichen Silhouette stören.

Und wie steht es mit der oberen Hälfte? Kauft man eine Jacke mit Reißverschluß, besteht das Risiko, daß Wasser vorne durchsickert — und es ist wirklich erstaunlich, wieviel Liter man durch die winzigen Nähmaschinenstiche in seiner Unterwäsche sammeln kann. Wenn du dich statt dessen für den smarten Über-den-Kopf-Stil entscheidest, mußt du entweder bei jedem Landgang eine Tasche mit kompletter Friseurausrüstung mitschleppen oder herumlaufen wie die Hohepriesterin des Punk.

Dann gibt es noch das Alles-in-einem-Design. Auch das ist leicht an- und auszuziehen (notwendig, denn der Ruf der Natur erfordert für Damen einen totalen Strip), doch es ist wieder nach dem gertenschlanken männlichen Vorbild geschnitten. Bei einer Frau sackt alles Mehr an Material in Beulen herunter, die beim Gehen quietschen und denjenigen Zonen, die man gerne herunterspielen möchte, noch Extra-Zentimeter verleihen. Darauf noch eine Pudelmütze, und du strahlst den pulsbeschleunigenden Sex-Appeal eines Pandabären aus.

Ein Aspekt dieses am Mann orientierten Designs, der dennoch Frauen zugute kommt, ist seltsamerweise der diskrete kleine Reißverschluß vorn an der Hose. Er ist natürlich für den dafür bestimmten Gebrauch nutzlos, wohl aber sehr willkommen für ein klein wenig mehr Atemluft, wenn das Seglermenü der göttlichen Linie ungewollte Pfunde aufgepackt hat. Und das wird passieren, ich verspreche es. Selbst die Willensstärkste wird nicht elfenschlank bleiben können bei einer Dauerdiät aus Butterbroten zwischendurch aus der Hand, Schnellkoch-Teigwaren und Bergen von Instant-Kartoffelpüree.

Als Unterwäsche empfehlen Experten mehrere dünne Schichten statt einer einzigen umfassenden Umhüllung. Das ist sehr vernünftig, bis es zum Waschtag kommt. Bei uns an Bord geschieht das in einem winzigen Eimer unter strenger Aufsicht und lautem Klagen des Skippers über die „Verschwendung kostbaren Frischwassers" für den nebensächlichen Luxus der Hygiene und Gesundheitspflege. Ich habe herausgefunden, daß „Ich spüle nur eben schnell diesen Pullover durch" weniger Lamento erzeugt als „Ich habe jetzt drei Hemden, vier Rollkragenpullis und zwei Jacken gewaschen, bleiben noch deine Kombinationen und sämtliche Socken". Selbst wenn er nachgibt und sogar einen Extraeimer Spülwasser bewilligt, ist er mitnichten tolerant, wenn sein rassiger Augapfel und Stolz durch tropfende, gräuliche Girlanden von Unaussprechlichen an jedem erreichbaren Draht des Riggs in einen schwimmenden Slum verwandelt wird.

Ob es ihm gefällt oder nicht: Die Wäsche muß erledigt werden, denn auf einem längeren Törn darf der „Mief-Faktor" nicht ignoriert werden. Er ist das unvermeidliche Ergebnis, wenn arbeitende, zu warm angezogene und häufig angespannte Menschenleiber längere Zeit in wasserdichte Hüllen eingesperrt sind. Die hierbei entstehenden Aromen können nur von engen Familienangehörigen als annehmbar toleriert werden, und auch dies nur mit einer gewissen Portion Tapferkeit. Lade eine andere Crew besonders an einem schlechten Tag, wenn alle

Luks geschlossen sind, unter Deck ein. In Minutenschnelle werden alle anfangen auszudünsten, und ein neues, keineswegs zartes Aroma wird sich entwickeln. Jeder wird diskret und mißbilligend schnüffeln, als habe der Bordfiffi etwas Taktloses auf dem Kajütboden begangen.

Bislang habe ich die Frage der Kosten für eine solche Seeausrüstung nicht angeschnitten, und zwar hauptsächlich, weil es mich so schmerzt. Im Gegensatz zu landläufiger Ansicht ist Segeln kein billiger Freizeitsport. Den Wind gibt es — manchmal jedenfalls — wohl umsonst, doch alles andere hat seinen Preis. Der Durchschnittsskipper, der schon einen schlafraubenden Betrag für seine Schlechtwetter-Ausrüstung auf den Ladentisch gelegt hat, mag vorschlagen, daß seine Lady etwas Preisgünstigeres nehme, entsprechend ihrer untergeordneten Stellung an Bord. Dies ist nicht der Augenblick, auf deinem Recht zu bestehen! Nimm die Pfennigfuchserei bereitwillig hin. Und wenn dann der Regen herunterschüttet, der Wind heult und dein Skipper sagt: „Deine Ruderwache!", dann sei schußbereit!

Wenn du die Positionskämpfe auf ein ideales Niveau zurückfahren kannst, kommst du vielleicht sogar nur mit einem leichten Overall zum Schutze deines besten Seidenkleids für die Fahrt im Dingi vom Schiff zu einem Fünf-Sterne-Restaurant weg. Besteht dein dir angeborener Pessimismus indessen auf etwas Soliderem, so sind die Menüs an Land zwar nicht völlig gestrichen, aber es bedeutet, daß man die eisige Mißbilligung eines arroganten Maître d'hotel ertragen muß, dessen Angebot, „Madams . . .hm . . . Mantel" zu nehmen, von dir mit einem atemlosen Entkleidungsakt beantwortet wird, der selbst einem Entfesselungs-Künstler flotte Konkurrenz machen würde.

Auch wenn wir unsere Weiblichkeit auf See nicht zeigen können, gibt es wenigstens den Trost, daß unsere Männer ja auch nicht so heiße Typen sind. Bedenke, daß diese sexy Weltumsegler im Fernsehen, die dein Herz höher schlagen lassen, einem Interview wohl erst zugestimmt haben, nachdem eine Dusche, eine Rasur und ein Kleiderwechsel sie annehmbar machten — und wahrscheinlich auch erst, nachdem die Maskenbildnerin sie mit Korrekturstift und Puderquaste behandelt hat, um die Wunden von Wind und Wetter zu verschleiern. Sogar der ehemalige britische Premierminister Edward Heath, den kaum eine von uns neben Robert Redford in die Reihe der Schwindel und Ohnmachten erzeugenden Beaus einreihen würde, kann verlockend kuschelig hergerichtet werden durch gut plazierte Scheinwerfer, einen babyblauen Anorak, dessen Reißverschluß über das Doppelkinn hochgezogen ist, und mit gekämmten Silberlocken. Ich wette, er strahlt nicht denselben Charme aus, wenn er in einer stürmischen Nacht nach dreistündigem unruhigem Dösen in einer stampfenden Koje zur Wache antritt.

Oder nimm zum Beispiel meinen Skipper. Er verdient sein Geld als Fernsehmoderator und ist normalerweise der properste und adrettste Mann. Doch zum Segeln bevorzugt er eine Art Ausrüstung, die zu tragen sich selbst die meisten Landstreicher nur zögernd überwinden könnten. Die Kopfbedeckung variiert, je nach Laune, zwischen einer zu engen Pudelmütze mit einer riesigen Bommel — ein Versuch seiner Mutter, die Unzulänglichkeiten seines Weibes auszugleichen — und einer schlaffen und geschundenen Schirmmütze, die aus dem Fundus eines Arktisseglers stammen könnte. Sein Oberteil ist verhüllt von einem Drillichleibchen, von zehn Jahren Sonne und Regen ausgebleicht zu bläßlichem Grau, gescheckt mit einem psychedelischen Muster aus Farbe, Schmierfett, Antifouling und Bier. Darunter hängt der wellige Saum eines fusseligen, unsäglichen Pullovers hervor, der nur mit gezogener Waffe zum Waschen herausgerückt wird und deshalb ständig würzig nach Diesel und altem Fisch stinkt.

In einem Versuch, sich der Jugend anzugleichen, bevorzugt er für die unteren Extremitäten die uniformen Bluejeans. Leider scheint ihm entgangen zu sein, daß die glockenförmig geschnittenen Hosen „mit Schlag“ längst „out“ sind. Lange Zeit wallte er mit flatternden Extraweiten um die Knöchel herum. Allmählich erkannte er jedoch, daß sie wegen ihrer Eigenart, hinter Decksbeschlägen festzuhaken, zu gefährlich waren. Deshalb stutzte er sie auf Wadenlänge, wo sie nun in zerrupften Fransen mit herunterhängenden Fäden enden. Wadenstrümpfe liebt er nicht sonderlich, mit dem Argument, daß sie ja sowieso immer naß seien. Also kommt als nächstes ein Stück käseweißer Stachelbeine, Spargeln gleich. Und dann die Füße! Manchmal werden auch sie nackt gelassen, und da er zu Fußschweiß neigt, kleben Öl, Flusen und Hundehaare daran — ziemlich abstoßend, wenn er sie auf den Tisch legt, wie er es zu tun beliebt, wenn er nach dem Essen seinen Kaffee schlürft. Oder er trägt Decksschuhe — Gegenstände, die mit monotoner Regelmäßigkeit ersetzt werden und dennoch immer am Rande der völligen Auflösung zu sein scheinen. Teile der Füße schimmern hindurch wie üble, bleiche Pilze durch den Waldboden.

Alles in allem kein schöner Anblick!

3
Das Skipper-Syndrom

Es ist eine wohlbekannte Tatsache, daß die See einen Mann verändert. Außer denjenigen, die die Besessenheit des durchschnittlichen Wochenendseglers am eigenen Leibe erfahren haben, ist allerdings nur wenigen geläufig, daß nicht nur er beeinflußt wird. Kinder, Freunde und besonders seine Frau müssen begreifen, daß ihr Leben sich in immer engeren Kreisen um das unverrückbar im Zentrum stehende Schiff dreht.

Während der Sommersegelsaison sind normale soziale Kontakte unmöglich. Sich mit Freunden zu einem gemütlichen Abend zu verabreden, ist ungefähr so wahrscheinlich wie eine Einladung zum Tee im Buckingham Palace, wobei Ihre Majestät vermutlich ein klein wenig entgegenkommender sein dürfte als dein Durchschnittsskipper.

Doch auch die Wintermonate bringen der Segelfrau keine Erleichterung. Die Fahrten sind für ein halbes Jahr unterbrochen, wir aber befinden uns nun in der Winterlager- und Instandsetzungsphase, was einen ungeheuer großen Anteil der Freizeit des Skippers beansprucht. Es ist vergebliche Hoffnung, daß er endlich die wichtigen Dinge im Haus erledigen wird, die er dir glattzüngig für die Zeit „wenn das Wetter umschlägt“ in Aussicht gestellt hat. Er wird dich daran erinnern, daß das Schiff eine Kapitalanlage darstellt, die sorgfältig gepflegt sein will, um einer Wertminderung vorzubeugen.

Wenn er sich überhaupt dazu bequemt, etwas im Haus zu reparieren, wird es eilig zusammengeschustert sein, nur, um dich zu besänftigen, während er sich im Bootsschuppen wichtigeren Dingen widmet. Monatelang bearbeitete ich meinen

Skipper, daß wir dringend eine kleine Überdachung über der Hintertür brauchten, damit nicht mit jedem hereintrampelnden Kind der halbe nasse Garten unsere teuren Teppiche ziere. Der Herbst kam heran, und plötzlich gab es an einem Wochenende hastiges Hämmern und Sägen, und innerhalb eines Nachmittags erhob sich eine wackelige und mißgebildete Konstruktion über der Tür. Bei jedem unvorsichtigen Türenknallen bekam das Ding zehn Prozent Schlagseite nach Backbord, da die Pfosten aus rissigem, nicht abgelagertem Holz bestanden und nur durch hastig hineingeklopfte Nägelchen zusammengehalten wurden.

„Siehst du", sagte er beim Tee triumphierend mit der zufriedenen Miene desjenigen, der seine Arbeit gut verrichtet hat, „du brauchst es dann nur mal schnell überzustreichen. Und komm mir bloß nicht mehr damit, ich täte nie was im Haushalt!"

Hiermit verschwand er im Bootsschuppen und ward für eine Woche nicht mehr gesehen. Nur gelegentlich verrieten Sägegeräusche, Raspeln und Hobeln, dazu der stechende Geruch von Bootslack, seine Anwesenheit. Schließlich tauchte er aus seinem selbsterwählten Exil stolz mit einer schimmernden Konstruktion auf, der Klobrille eines Zwergs ähnlich, hochglanzlackiert und mit einem exquisiten Muster verschnörkelt.

„Was um Himmels willen . . .", fragte ich verwundert.

„Mein Gott", erwiderte er angeödet, „es ist ein Halter für unsere Öllampe auf der MARY LUNN! Du hast dich immer über ihre Wackelei beklagt, deshalb dachte ich, es wäre eine schöne Überraschung für dich. Ich muß sagen, daß ich ein wenig mehr Dankbarkeit erwartet habe!"

Die Besessenheit erreicht ihren Höhepunkt, wenn eine neue Yacht über der Kimm auftaucht. Wenn er erst einmal diesen erwerbslustigen Schimmer in den Augen hat, kannst du alle Ratio bei ihm vergessen. Wärst du nicht vorgewarnt, würdest du glauben, du hättest weibliche Konkurrenz bekommen. Nachts wird er sich herumwerfen und wälzen und laut ihren Namen murmeln. Er wird sich sogar an den Wochenenden fortschleichen, um sie immer wieder zu besuchen. Die Liebe und Fürsorge, die wir in den vergangenen Monaten in unser gegenwärtiges Schiff gesteckt haben, zählen nicht mehr. Wenn eine neue Dame die Szene betritt, wird unser Schiff plötzlich abgeschoben wie eine alternde Geliebte, wird global als zu klein, zu eng und zu abgenutzt im Vergleich zu ihrer schimmernden Rivalin bezeichnet.

„Du liebe Zeit, sieh dir das an", stöhnt er und deutet auf fast unsichtbare Narben an ihrem Rumpf, auf winzige Verziehungen der Schapptüren und auf das Kajütlicht, das nur brennt, wenn man dagegenschlägt. „Armes altes Mädchen, sie hat schon bessere Tage gesehen."

Und obwohl wir, wie jede gute Crew, ein System ausgearbeitet haben, um bei der Arbeit an Bord unnötigen physischen Kontakt zu vermeiden, rennen wir jetzt ständig ineinander. Er strengt sich ungeheuer an, sich den Kopf am Kajütdach an einer Stelle zu stoßen, deren Stehhöhe wir immer gerühmt hatten.

„Es hat keinen Sinn, wir brauchen einfach mehr Platz!" schreit er und torkelt benommen im Salon herum.

Solch flammende Undankbarkeit wäre entschuldbar, wenn das zukünftige Schiff die Antwort auf einen langjährigen Traum wäre, aber mein Skipper geht nicht so vor. Wenn der Kaufzwang ihn überkommt, paßt er seinen Traum immer dem gegenwärtigen Marktangebot an. Über die Jahre hat er verkündet, und das jedesmal belegt mit zwingenden Gründen und Fakten, Zahlen und Prospekten, das Nonplusultra des Segelns sei ein Katamaran, ein Trimaran, eine große Einrumpfyacht, eine kleine Einrumpfyacht, ein schlanker Hochseerenner, ein kräftiger Fahrtenkreuzer, ein unterhaltsfreies Kunststoffschiff und sogar, in einem getrübten Augenblick, auch ein verrotteter Krabbenkutter „mit großen Möglichkeiten". (Ich muß der Gerechtigkeit halber zugeben, daß er beim Kutter recht hatte. Er kostete praktisch nichts, bis auf unendlich viele Stunden der liebevollen Restaurierung, und wir verkauften ihn schließlich für eine nette Summe an einen Liebhaber. Besessenheit kann sich manchmal auch als zum eigenen Vorteil gereichend herausstellen — doch nur sehr selten.)

Die Bewußtseinstrübung verschlimmert sich deutlich in Zeiten von Bootsausstellungen und wird unglücklicherweise nicht vom Zustand unseres Bankkontos beeinflußt. Wenn man den Skipper mit einem eifrigen Verkäufer plaudern hört, könnte man meinen, Geld spiele für uns keine Rolle. Ein griechischer Schiffsma-

„Nur 60 000 Pfund plus Mehrwertsteuer, sagen Sie?“

gnat würde beim Kauf eines Gummibeibootes mehr Rücksicht auf die Grenzen seines Einkommens nehmen als mein Skipper, der einen gewieften Bootsverkäufer in ein Gespräch verwickelt. Er ist von nichts beeindruckt und zeigt für alles Verachtung. Nur das hysterische Zucken seiner bestrumpften Zehen — die Schuhe wurden auf Bitte des Managements vor Betreten des Schiffs abgelegt — verrät seine wahre Erregung. In dieser Situation kann nur das Auftauchen eines Kaufvertrags ihn bremsen. Dann verschwinden er und auch der vorfreudige Glanz im Auge des eine Kommission witternden Verkäufers mit bemerkenswerter Geschwindigkeit.

Viele Skipper jedoch sind ihren Schiffen gegenüber wesentlich loyaler und besitzen unendlich mehr Selbstkontrolle. Doch bilde dir nicht ein, daß alles gut sei. Das Schiff mag zwar deinen Namen tragen, doch was ist mit dem Mann? Der Versicherungsvertreter im Nadelstreifen von gestern kann sich heute in einen salzverkrusteten Kapitän Ahab verwandeln, sobald die Küste außer Sicht ist. Die mit den sanften Manieren werden tyrannisch, und die harten Macher, die keinen Unsinn durchgehen lassen, werden zu träumerischen, weitsichtigen Dichtern, noch ehe das Großsegel gesetzt ist. Man braucht noch nicht einmal an Bord zu sein, um diese Verwandlung zu erleben. Eine Freundin versicherte mir, daß ihr Mann, der ihr noch vor dem Haus zartfühlend ins Auto hilft — „Stört dich der Spinnaker auch wirklich nicht, Liebling?" —, auf der Fahrt zum Yachtclub immer mehr degeneriert, bis er beim Einsteigen ins Dingi in einer Sprache Befehle erteilt, derer sich ein Hafenarbeiter schämen würde.

Einer Sache kann man sicher sein: des veränderten Benehmens des Skippers gegenüber Frauen an Bord. Wie groß die Verantwortung auch immer, die ihr an Land anvertraut wird: Eine Frau auf einem Schiff ist dazu verurteilt, als Halbidiotin behandelt zu werden. Es ist dabei nicht nur der eigene Skipper, der diesen chauvinistischen Druck ausübt. Wenn unser Schiff gestrichen werden muß, kommt diese mechanische und geistlose Arbeit natürlich mir zu. Mein Skipper beschäftigt sich derweilen mit technischen Problemen — er macht sich auf die Suche nach einer speziellen, offenbar sehr seltenen Schraube, denn diese Suche erfordert häufige Visiten auf Nachbarschiffen und dort eine Menge sozialer Kontakte. Ich jedoch bin nie allein. Jeder vorbeikommende Skipper, vielleicht auch gerade auf Schraubensuche, stoppt und nimmt sich die Zeit, mein Werk gründlich unter viel Zungenschnalzen zu begutachten. Wenn mein Skipper zurückkommt, was vielleicht noch schlimmer ist, tratschen sie laut über meinen Kopf hinweg, um das Geräusch meines kraftvollen Pinsels zu übertönen:

„Sagen Sie mal, alter Junge", röhren sie und mustern neidisch die glänzende Fläche, „welche Farbe benutzen Sie?"

Nach der dritten Frage dieser Art ertrug ich es nicht länger und antwortete mit eisigem Unterton: „*Er* benutzt *mich*, und ich benutze internationalen Bootslack und einen 10er Pinsel."

Es gab eine Pause, während sie diesen Ausbruch verdauten. Dann beugte sich einer von ihnen vor und studierte geringschätzig mein Werk:

„Das ist nicht alles", meckerte er, „es kleben auch noch Fliegen drin."

Einige Veränderungen jedoch, die man bei einem Skipper an Bord beobachtet — beileibe nicht alle —, sind auch positiv. Zu Hause zum Beispiel wird eine Mahlzeit, die nicht wenigstens aus Filet und zwei verschiedenen Gemüsesorten besteht, schockiert und ungläubig registriert, doch an Bord kräht mein Skipper während der Nachtwache vor Freude über einen Becher Tütensuppe und einen drei Tage alten Brotkanten. An Land leiden wir auch unter den üblichen Anfällen männlicher Hypochondrie: Ein winziger Kratzer wird zur Wunde, eine leichte Erkältung ist möglicherweise eine Lungenentzündung. Doch in der Segelsaison ist es genau umgekehrt. Bei Schlechtwetter sind seine masochistischen Züge wirklich sehr nützlich. Mit zusammengekniffenen Augen treibt er das Schiff durch Wind und Wellen, Hagel und Gischt mannhaft voran, während er sich zu Hause beim leichtesten Nieselregen weigert, mit dem Hund Gassi zu gehen.

Doch beim richtigen Segeln kommt das Skipper-Syndrom am schlimmsten durch. Gib ihm einen schönen Tag, genug Wind, um die Sache interessant, doch nicht furchterregend zu machen, und am besten noch einen Zuschauer, bei dem er Eindruck schinden will: Dann ist der Skipper in seinem Element. Da steht er am Ruder: aufrecht, imponierend, bereit, allen seine Meisterschaft zu demonstrieren, sein ihm angeborenes Verständnis für die See und sein Geschick, die Mannschaft zu lenken. Nichts geschieht jemals zu seiner Zufriedenheit. Du hast die Fock gerade brettsteif geholt, als er auch schon stutzt und befiehlt, sie zwanzig Zentimeter oder auch ein wenig mehr wieder zu fieren. Dann folgt: „Nicht so viel!" Und du mußt von vorne anfangen, während er sich verächtlich über deine fehlende Muskelkraft ausläßt.

„Klar zum Wenden!“

Wage nur die Anregung, wie es jetzt mit einer kleinen Pause und mit einem Imbiß sei. Er wird laute Verwunderung darüber äußern, daß du deine körperlichen Bedürfnisse über die Gebote des Schiffs stellst. Andererseits wirst du düsteres Gemurmel über die Versorgungsdefizite der Pantry ernten, wenn er seinen Becher Kakao nicht sofort bekommt, nachdem er soeben bei sich beschlossen hat, der rechte Zeitpunkt dafür sei gekommen.

Doch das ist gar nichts – und darin werden die meisten Mannschaften übereinstimmen – im Vergleich zu seinen Primadonna-Allüren, wenn es eine etwas schwierige Aufgabe zu lösen gilt. Das kann die Ansteuerung eines fremden, felsverseuchten Hafens sein oder auch eines Liegeplatzes in einer überfüllten Marina. Dein Skipper wird sich seiner Verantwortung völlig bewußt sein, und wer kann ihn deswegen tadeln, doch er wird gleichzeitig auch an die kritische Prüfung seiner Kollegen denken, die seine seemännischen Versuche beäugen. Denn obgleich ein starkes Band der Kameradschaft die Skipperrasse eint, ist es gleichzeitig doch auch zutreffend, daß sie nichts lieber sehen, als wenn ein weiterer Idiot ein Manöver vermasselt. Deshalb also wird dein Skipper angesichts eines schwierigen Manövers eine Fülle widersprüchlicher Befehle erteilen und mit totaler Ungläubigkeit reagieren, wenn du es versäumst, sie buchstabengetreu auszuführen. Und er wird versuchen, den Eindruck zu erwecken, daß er das Manöver alleine an Bord in der halben Zeit geschafft hätte. Dies dient dem Doppelzweck, das gegenwärtige Problem zu verschleiern, und gibt ihm viel Raum, dir später die Schuld zuzuschieben, wenn er es sich an der Bar gemütlich macht und Horrorgeschichten über die Unzulänglichkeiten von Mannschaften austauscht.

Ich habe schon vor langer Zeit den Versuch aufgegeben, diesen Quatsch in meinem Skipper zu stoppen. Meine Hauptsorge heute ist, daß sich die kommende Generation zu eng am Vorbild orientieren könne. Erst kürzlich beobachtete ich ziemlich beklommen meinen Jüngsten, der seinen Optimisten mit waghalsigen Manövern durch die ankernden Yachten steuerte.

„Er ist wirklich sehr geschickt geworden“, bemerkte eine Freundin und sprach damit nur meine eigenen Gedanken aus: „Bald wirst du *zwei* Skipper an Bord haben.“

Ich glaube nicht, daß ich das aushalte.

4
Navigation ist keine exakte Wissenschaft

Fahrtensegeln besteht selbst für den noch so begeisterten Yachtmann sehr häufig aus langen Strecken erbarmungsloser Langeweile. Deshalb trage ich beim Segeln auch nie eine Uhr — ich habe einfach nicht die Willensstärke, alle fünfzehn Minuten nach der Zeit zu sehen, und dann sind in Wirklichkeit erst fünf Minuten vergangen.

Mich machen lange Strecken erzwungener Untätigkeit nervös und frustriert, so wie es vielen Frauen geht, die in der Tradition aufgewachsen sind, daß „die Arbeit einer Frau nie aufhört". Die einzige Lösung schien darin zu bestehen, eine wichtige Rolle in der Segelpartnerschaft zu übernehmen, etwas, das mehr ausfüllt als die Überlegung, welche Konserve für die nächste Mahlzeit zu öffnen sei. Mein starker Überlebenswille suggerierte mir zwei Möglichkeiten: erstens den Gebrauch und die Wartung des Motors zu lernen, so daß ich uns alle in den nächsten Hafen steuern könnte, ohne es heroisch unter Segeln versuchen zu müssen, falls der Skipper jemals ausfiele, oder zweitens die Navigation zu erlernen, damit ich den Hafen überhaupt fände.

Ich gebe zu, daß ich die Idee mit dem Motor mit einem gewissen Widerwillen anging, denn natürlich wollte ich als letztes der Zunft der Bordmechaniker mit ihren notorisch schwarzen Händen zugehören. Trotz des Auftragens einer dicken Schutzschmiere und trotz heftigen Schrubbens mit Seife und Bürste hinterher blieben meine Hände und vor allem die Fingernägel schwarz vom eingefressenen Öl und Schmutz, und das die gesamte Saison über. Für Empfangschefs, Meisterbäcker und Mitglieder der Ärztezunft könnte dies ein ernsthaftes Hinder-

nis sein, und selbst mein eigenen Skipper hat gelegentlich gefunden, daß seine TV-Karriereaussichten bedroht waren. Zuschauer, die kürzlich vor dem Bildschirm verfolgten, wie er einen unserer Lokalpolitiker in einen verbalen Fechtkampf verwickelte, mögen durch eine Erscheinung beunruhigt worden sein, die, einer großen braunen Kröte ähnlich, die ein Schokoladeneclair umklammert, mitten zwischen den Mikrofonen vor ihm kauerte. Für die Seglerzunft, vertraut mit den Anforderungen des Winterlagers, wäre die Erklärung offensichtlich gewesen: Es handelte sich um seine verkrampften Hände, aus denen der Daumen herausragte.

Ich kam nie völlig mit der Maschine klar, obwohl ich natürlich lernte, sie zu starten, zu stoppen und mit ihr zu manövrieren. Mit wachsender Erfahrung mußte ich einsehen, daß kein Anfängerkurs, und sei er auch noch so komplex, einen wirklich auf das temperamentvolle und unvorhersehbare Verhalten von Bootsmotoren im allgemeinen und unserem im besonderen vorbereitet. Da konnte ich lernen, soviel ich wollte, wie man Einspritzdüsen reinigt und die Hydraulik entlüftet oder was auch immer, das alles ist keine Hilfe bei einem Außenborder, der die Eigenschaft hat, ins Wasser zu springen, wenn ihn die Laune überkommt, oder bei einem Inborder, der hustet und Wutanfälle bekommt wie eine Primadonna mit Premierenfieber. Bei solchen Gelegenheiten hat ein wütender Skipper, der die Innereien mit einem Universalschlüssel verprügelt, genausoviel Erfolgschancen wie ein Hochschulabsolvent, der Schritt für Schritt nach dem Service-Handbuch vorgeht.

Als wir die liebliche MARY LUNN kauften, machte niemand ein Geheimnis daraus, daß sie nicht unbedingt in Höchstform war, am allerwenigsten der Verkäufer selber, der mit bestrickender Aufrichtigkeit darauf hinwies, daß ihre Maschine geübte Aufmerksamkeit benötige und dazu ein sattes Investment an Barem, bevor sie mit Zutrauen und Stolz betrachtet werden könne. Um es offen auszusprechen: Sie hatte eine Salzwasserdusche abbekommen und war — sich selbst überlassen — zu einem festen Klumpen Altmetall zusammengerostet. Unserer finanziellen Grenzen eingedenk, taten wir unser Bestes. Der örtliche Spezialist wurde zu Rate gezogen und gab nach vielem Kopfschütteln und Zungenschnalzen sein Urteil ab: Ja, die Maschine könne repariert werden, aber zu einem Preis, der leicht über der Höhe der Staatsverschuldung liege. Der Skipper bedachte mich mit einem seiner schmelzenden Blicke. Ich verwarf schweigend meinen Traum von einem neuen dreiteiligen Kostüm, und wir machten uns zum Schiffsausrüster auf und kauften einen neuen Motor. Das konnte für die nächsten zwei Monate Eintopf bedeuten, was mir aber der Seelenfrieden wert war.

Am ersten Tag unseres Urlaubs starteten wir leichten Herzens, und als ein Schäkel brach und uns kaum ein oder zwei Meilen draußen das Großsegel aufs Deck donnerte, kümmerte uns das wenig: Es war sowieso praktisch Flaute, und nun konnte unsere glänzende neue Maschine sich beweisen. Beim ersten Versuch sprang sie mit tiefem Röhren ihrer gebändigten Kraft an. Für zwei weitere Meilen tuckerte sie fröhlich dahin, bis sie mit einem verdrießlichen Seufzer und nur einer schwachen Vorwarnung durch die Öllampe verstarb.

Völlig verblüfft überprüften wir alles: die Treibstoffleitungen, den Dieseltank, die Schraube im Hinblick auf ein verheddertes Ende und suchten im Navigationsschapp nach Rechnung und Garantiekarte. Die irische Küste kam ungemütlich näher, während wir immer gehetzter, schmutziger und schweißiger vor Angst und Panik wurden. Zum Glück kam ein Lufthauch auf, gerade als es schien, daß einige wohlplazierte Notsignale unsere einzige Hoffnung waren, und wir schummelten uns zurück in den Hafen. Es war ein bißchen trickreicher als beim Auslaufen, an unseren Steg zu kommen, doch wir schafften es. Und dann fing der Spaß erst richtig an.

Plötzlich wurde jeder, der auch nur einmal die Motorhaube seiner Maschine gelüftet hatte und nichts weiter konnte, als eine Schimpfkanonade über ihre Innereien auszugießen, zum Experten in bezug auf unseren Motor. Sich widersprechende Ratschläge strömten von allen Seiten auf uns ein, jedoch rar war die Zahl der braven Seelen, die auch tatsächlich bereit waren, den Schraubenschlüssel dort anzusetzen, wo sie weise die Ursache vermuteten. So hielt ich also die Taschenlampe, während der Skipper herumkrabbelte, und er hielt die Taschenlampe, während ich nach den Teilen in der Bilge tauchte, die ihm runtergefallen waren. Dann betätigte er den Anlasser, während ich Hebel umlegte und umgekehrt, und nichts, was wir taten, hatte den leisesten Erfolg. Wir ergingen uns telefonisch mit dem Hersteller dieser aufrührerischen Maschine in langen und teuren Beschuldigungen und versuchten unser Bestes, seinen Anweisungen zu folgen.

Das ging so Tag für Tag, und jeder Morgen brachte neue Frustrationen, bis es uns schließlich reichte: Wir bauten einen provisorischen Flaschenzug. Mit all der Muskelkraft, die wir auf den Nachbarbooten zusammentrommeln konnten, und der Stärke, die einem die schiere Verzweiflung verleiht, hoben wir das ganze Ding heraus und schickten es mit dem knappen Ausdruck unseres Widerwillens zurück an den Hersteller. Sollte der sich doch mit dem Biest herumärgern.

Navigation ist keine exakte Wissenschaft.

Offiziell fanden wir den Grund für den Verlust einer ganzen Segelsaison nie heraus, doch viele Wochen später wies der Skipper bei einem der wöchentlichen Routineanrufe bei dem Hersteller auf ein großes Stück einer verrotteten Dichtung hin, die in der freigelegten Ölleitung schwamm, und bekam mit großer Erleichterung die Antwort, ja, das könne die Ursache des Problems sein. Überflüssig zu erwähnen, daß wir kurz nach dieser Enthüllung einen Austauschmotor erhielten und ich für immer und ewig die Idee begrub, Bordingenieur zu werden.

An der Navigationsfront ging es mir wesentlich besser. Der Skipper stand völlig hinter meiner Entscheidung, da wir beide fühlten, daß unsere Navigation, die bislang zwar erfolgreich gewesen war, indem wir es geschafft hatten, von Punkt A nach Punkt B zu gelangen, ohne uns oder jemand anderen zu beschädigen, sich doch zu sehr aufs Glück verlassen hatte statt auf gründliche Berechnungen und genaue Kenntnis der Materie. Und da einer von uns sich speziell schulen lassen mußte, stimmten wir auch darin überein, daß ich der geeignetste Kandidat dafür sei. Denn wenn es um mathematische Probleme geht, sind die Referenzen des Skippers nicht gerade eindrucksvoll. Er vermasselte seine Mathematikarbeiten schon kurz nach dem Einmaleins, als der Lehrer ihm seinen Rechenrahmen wegnahm. Frage ihn nach einer reziproken Peilung, einer Gegenpeilung, und du wirst nur verblüfftes und nervöses Augenzwinkern ernten.

Deshalb war er nur zu froh, mich mit Bleistift, Radiergummi, Zirkel und Kurslineal bewaffnet beim Abendkurs in unserer Nachbarschaft abzuliefern. Als ich in den mir genannten Raum lugte, waren sowohl Lehrer als auch meine zukünftigen Mitschüler — alle männlich — total überrascht. Die Emanzipation der Frau hatte die Navigationskurse der Abendschule offensichtlich noch nicht erreicht. „Nein, meine Liebe, Blumenstecken ist zwei Türen weiter, oder Kochkurs dritte Tür links“, sagte der Lehrer mit einem Lächeln, das man als überaus gönnerhaft bezeichnen könnte, wenn man für solche Dinge sensibel ist. Ich verwarf in diesem Augenblick die Idee, als militante Emanze aufzutreten, da es keinen Sinn hatte, die Feindseligkeiten noch zu vertiefen, und entschloß mich lieber für die „zartes kleines Frauchen“-Masche, keine geringes Kunststück, wenn man barfuß fast einen Meter achtzig mißt.

„Ach, eigentlich suchte ich den Kurs für terrestrische Navigation“, säuselte ich errötend voll zuckersüßer Unschuld, „ob Sie mir vielleicht den Weg zeigen könnten?“ Das war ein Schlager! Lehrer und Schüler wälzten sich vor Lachen.

„O Gott!“ seufzte er und wischte sich Lachtränen aus den Augen, „wenn Sie noch nicht einmal Ihren Klassenraum finden, brauchen Sie wohl wirklich Hilfe!“

Danach bargen er und meine neuen Klassenkameraden mich an ihrem kollektiven Busen wie Kindergärtnerinnen, die ein widerstrebendes Dreijähriges von Mutters Schürzenzipfel lösen. Leider endete die Ähnlichkeit nicht dort. Während der Lehrer verständlicherweise alle Kursusteilnehmer als blutige Anfänger behandelte, ging er mit mir wie mit einem zurückgebliebenen Kind um. Nach einer Weile fand ich es doch ein wenig lästig, daß mir alles dreimal sehr langsam und deutlich erklärt wurde, plus obendrauf noch einer persönlichen Demonstration, während die Männer nur einmal in die Arbeit mit dem Kurslineal eingeführt wurden.

„Sehen Sie, Lesley, Sie können damit richtig über die Landkarte laufen. Nur bei uns heißt sie Seekarte, nicht wahr?"

Okay, vielleicht war ich nicht gerade die schlauste Schülerin im Raum, aber *ich* beschwerte mich *nicht* lauthals über eine falsche Karte, bloß weil die Mißweisungsrose auf dem darunter gefalteten Stück stand, noch war *ich* es, die annahm, daß unsere Beschickung für Wind und Strom uns straks durch eine Bergkette führen würde. *Ich* zerrte meinen Zirkel nicht so weit auseinander, bis er brach und man sich fragen mußte, ob es nicht günstiger gewesen wäre, von vornherein einen größeren zu kaufen. Komischerweise bekam immer *ich* den Tisch, aus dem die Nagelköpfe herausstanden, so daß meine Schritte mit dem Lineal immer wieder abrupt gestoppt wurden und meine Kurslinien mehr einer Schatzgräberskizze glichen. Und immer war es *mein* Tisch, der plötzlich im entscheidenden Augenblick in heftige Bewegungen geriet. Wenn ich mit Mordgedanken im Herzen aufsah, war es mein Lehrer, der fröhlich am anderen Ende wippte:

„O ja, das ist alles sehr einfach im warmen Zimmer", kicherte er, „doch so wird die Navigation auf See sein!"

Und weil ich im Gegensatz zu meinen Klassenkameraden schon einige Kurslinien eingetragen hatte, wurde *meine* Karte hochgehalten, um sich verächtlich darüber zu amüsieren.

„Seht euch das an!" schrie er mit gespieltem Entsetzen und schwenkte die Karte, geschmückt mit Suppenflecken und zahlreichen Kniffen, mit kleinen Zeichnungen von Seejungfern und Haiflossen und Radierspuren, die nicht die Doppelpeilung, sondern einen Großteil der Küstenlinie ausgelöscht hatten. „Wie kann sie zu einem korrekten Ergebnis kommen, wenn sie nicht auf einer sauberen Karte arbeitet?"

Nun ist es so, daß mir seit jenen Anfangstagen einige erfahrene und weitgereiste Yachtleute begegnet sind, und ich habe auch ihre Karten gesehen. Karten, die aussahen, als wären sie für erste Versuche in der japanischen Faltkunst benutzt worden; Karten, die unkorrekt so häufig gefaltet worden waren, daß sich der schwerste Yachtmann auf sie setzen mußte, um sie verstauen zu können; Karten, die im Zuge eines navigatorischen Disputs zerrissen und später etwas schief mit Klebeband wieder zusammengepappt wurden; Karten, die so viele Salzwasserüberschwemmungen und hastiges Trocknen im Backofen überlebt hatten, daß sie wie eine große Blätterteigpastete aussahen. Doch eine saubere Seekarte — niemals! Warum also so ein Theater um meine Karte? Es scheint, als seien für die Frau, die navigieren will, ein zäher Wille und ein eisernes Rückgrat Voraussetzung.

Sicherlich muß es etwas in dieser Preislage gewesen sein, das mich Woche für Woche regelmäßig teilnehmen ließ, denn mein anfänglicher Enthusiasmus erlahmte bald. Lange bevor wir zur Wetterkunde vordrangen, die so langweilig war, daß wir abwechselnd über dem Projektor einschliefen und im Fallen die Wiedergabe der Stratocumulus verdeckten, war mir schon alles hoffnungslos gleichgültig geworden. Ich hatte nicht einmal mehr die Energie, in die Empörung einzustimmen, wenn unser Lehrer uns versehentlich eine völlig falsche und unmögliche Aufgabe gestellt hatte, uns eine Stunde lang im dunkeln tappen ließ, um dann mit der Brillanz später Einsicht zur Tafel zu sprinten und zu krähen: „Hat jemand meinen absichtlichen Fehler bemerkt?" Versuche nur, deinem auf eine Sandbank aufgelaufenen Skipper diesen Satz zu verkaufen, und du wirst sehen, wie weit du damit kommst.

Trotz aller Widrigkeiten gelang es mir dennoch, irgendwann einiges Wissen zu stauen, und das erhöhte mein Selbstwertgefühl und meine Freude am Segeln erheblich. Denn wenigstens zeitweise bedeutete es, daß das Schiff unter meinem Kommando fuhr, und da die Navigation keine exakte Wissenschaft ist, gibt es immer eine Reihe vorgefertigter Ausreden, wenn etwas falsch läuft: eine launische Tide, eine magnetische Anomalie, das Unvermögen des Rudergängers und so weiter. Mit genügend Einfallsreichtum und bei schneller Reaktionsfähigkeit kann der Navigator immer das letzte Wort behalten.

Und das tut jeder Frau gut.

5
Kombüsensklave

Ich glaube, daß heutzutage, da beide Ehepartner berufstätig sind und sich die Verantwortung für die meisten Dinge teilen, die Frau an Bord einen Großteil ihrer Zeit in der Kombüse verbringen muß. Darüber hinaus wette ich, daß sie sogar überproportional viel Zeit dort verbringt. Und wenn sie nicht Zeter und Mordio schreit, wird sie zweifellos für den Gesamtkomplex des Einkaufs, Kochens, Auftragens und Abwaschens verantwortlich sein.

Selbst nach dem theoretischen Übereinkommen, daß es schließlich auch ihre Ferien sind und auch für sie eine Abwechslung von der eintönigen Routine nett wäre, ist es eine andere Sache, diese Einsicht in Praxis durchzufechten. Mein Skipper wird mir und den Kindern gegenüber laut und oft darauf bestehen, daß die Mannschaft an Bord *überall* mit anzupacken hat. Er hat zeitweise komplizierte Arbeitspläne aufgestellt, mit dem Druckmittel für die Kinder: „keine Arbeit, kein Taschengeld", doch diese Entwürfe haben nie funktioniert und mußten gewöhnlich schon am Ende des ersten Tages umgearbeitet oder völlig aufgegeben werden wegen unvorhergesehener, mildernder Umstände. Zum Beispiel scheint es klüger zu sein, Muttern das Verproviantieren zu überlassen — und damit auch das Einholen, Tragen und Stauen —, da sie doch die Läden, Preise und Nahrungsmittel so viel besser kennt, während der Rest der Mannschaft noch letzte Vorbereitungen an Bord erledigt.

Aus irgendeinem Grunde scheinen diese darin zu bestehen, auf den Kojenpolstern herumzulümmeln, in Yachtmagazinen zu blättern und dabei größere Mengen Bier zu verkonsumieren. Von seinem weichen Pfühl aufschauend, mag der

Skipper dann meinen tastenden Fuß erspähen, der am Bullauge vorbei nach einem sicheren Landeplatz sucht, da ich über dem hoch mit Lebensmitteln beladenen Karton nichts sehen kann. Getrieben durch sein Schuldgefühl oder vielleicht auch beunruhigt von dem Gedanken, daß ein großer Batzen aus der Ferienkasse bei einem Abrutscher plötzlich futsch und auf dem Meeresboden liegen könne, eilt er mir zu Hilfe.

„Lieber Himmel, Frau!“ schreit er und setzt mich damit irgendwie ins Unrecht. „Ich habe dir doch gesagt, daß ich dir dabei helfen werde. Daß du aber auch immer einen Märtyrer aus dir machen mußt!“

Trotzdem versteht er, wie Frauen über die Küchenpflichten denken, und verspricht, daß auch er, sobald wir erst ausgelaufen sind, seinen Teil an Kartoffelschälen und Porridgekochen erledigen wird. *Aber*: Ausnahmsweise wäre es für den ersten Tag ganz gut, wenn ich einige Fertiggerichte bereithielte, während er eventuelle Probleme an Deck ausbügele. Auch wieder sehr logisch, nur leider produzieren selbst Fertiggerichte einen Abwasch. Mach dir keine Gedanken, stau das schmutzige Geschirr in der Spüle, und er wird sich darum kümmern, sobald wir im Hafen sind. Komisch nur: Wenn wir eingelaufen sind, muß er sofort kurz mit dem Hafenmeister sprechen — der zufällig gerade in der Kneipe ist; oder er muß den Hund Gassi führen — Fiffi endet angebunden an einer Bank vor der Kneipe; oder er muß die Wasserkanister auffüllen — aus einem Wasserhahn an der Rückseite der Kneipe. Viel später kommt er leutseliger Stimmung zurück und findet den Abwasch gespült, die Kombüse blitzend und mich mürrisch und vorwurfsvoll vor, bereit zu einem eingehenden, offenen Meinungsaustausch.

Deshalb verspricht er zerknirscht für den nächsten Morgen die große Tat: Er wird das Frühstück machen! Das ist eine müßige Laune, hervorgerufen durch das Konsumieren größerer Mengen Bier, und als solche werte ich sie auch. Jedoch am nächsten Morgen, als sein Schlummer durch den Ruf der Natur jäh unterbrochen wird, erinnert er sich seiner voreiligen Worte. Ich habe bislang selig geschnorchelt und von sicheren Marinas und exzentrischen Millionären geträumt, die sich alle in mich verlieben, als ich plötzlich von einem schrillen Pfeifen wachgerüttelt werde. Meine Augenlider rasseln hoch wie die Rolläden einer Kantine zur Mittagszeit. Feuer! Wir brennen! Ich tauche aus meinem Schlafsack auf, und was sehen meine müden Augen? Mein Teekessel steht kurz vor dem Start in den Weltraum, und eine halbe Wochenration meines Specks verkohlt in der Pfanne. Vom Skipper keine Spur. Ich drehe das Gas ab und rase an Deck, bekleidet mit wenig mehr als einem wütenden Knurren, und schwinge die rauchenden Überreste des Frühstücks über Bord. Da finde ich den Skipper. Liebevoll genießt er seinen Mor-

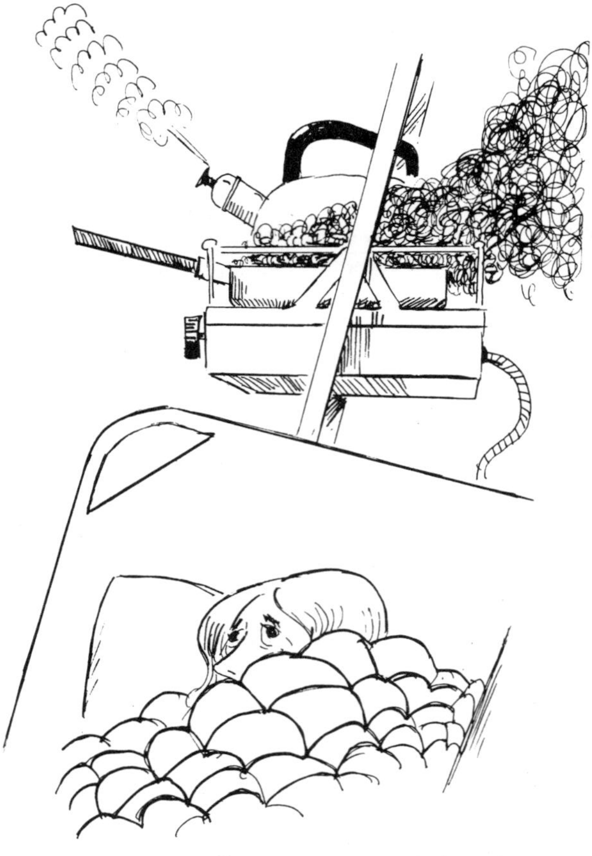

„Ich hatte eine kleine Überraschung für dich vorbereitet . . .“

gentee, lehnt verträumt am Mast, versunken in die Schönheit des Seglerlebens, das sich langsam um uns herum regt.

„Ach“, jammert er voll scheinheiliger Enttäuschung, „*du* bist schon wach? Ich hatte eine kleine Überraschung für dich vorbereitet.“ Ich informiere ihn, daß ich die Überraschung wohl erlebt habe und ferner nicht über Gebühr von ihr begeistert bin. Von meiner Stimme tropft Salzsäure zusammen mit dem Bratenfett auf sein kostbares Teakdeck. Ich erkläre so deutlich, wie es mir mein Sprachvermögen gestattet, das unausweichliche Ergebnis, wenn man einen Wasserkessel, eine superheiße Bratpfanne und eine schlafende Frau längere Zeit sich selbst überläßt. Und wieder zerfließt er vor demütiger Reue.

„Entschuldige, Liebling, weißt du was? Krabbel zurück in die Heia, und ich bringe dir das Frühstück ans Bett", verspricht er süß.

Er ist entschlossen, dies durchzuführen, und erlaubt keine Diskussion. Also krieche ich wieder in die Koje. Kurz darauf beginnt ein Gemurmel (natürlich für meine Ohren bestimmt): „Wo, zum Teufel, ist die Marmelade? Wie soll man bloß den Speck warmhalten, wenn die Eier braten? Verdammt, drei Eier zerbrochen! Wie macht man eigentlich Rührei? Mein Gott, der Toast ist schon wieder verbrannt! Wie soll ich den Tisch decken, wenn sie darauf schläft?"

Aber ich bin eisern und liege es durch, zwar völlig angespannt und verkrampft, bis wir zum Höhepunkt der Vorführung kommen. Er besteht in einem melancholischen, halb unterdrückten Schmerzenslaut und einem wilden Tanz im Salon mit viel Geflatter der Hände.

„Was hast du nun schon wieder angestellt?" frage ich mit grimmiger Resignation. „Ach, nicht der Rede wert, wirklich, es ist nichts", erwidert er durch zusammengebissene Zähne, „nur eine kleine Verbrennung mit heißem Kaffee. Außerdem benutze ich die linke Hand sowieso nicht sehr häufig. Wenn du mir nur einige Hinweise darauf geben könntest, wo du den Erste-Hilfe-Kasten versteckt hast, dann werde ich es sicherlich überleben."

Aber ich weiß, wann ich geschlagen bin. Dennoch erbittert es mich, daß er, nachdem er den annehmbaren zweiten Durchgang seiner verbrannten Speisen verputzt hat, sich zurücklehnt, zufrieden und satt aufstößt und zu den Kindern sagt: „Ich hoffe, ihr beiden folgt meinem Beispiel und nehmt in Zukunft mehr Rücksicht auf Mami. Man muß sich wirklich ein wenig um sie kümmern."

Am Ende bedeutet diese so heißersehnte Abwechslung von der Routine, daß ich die Gelegenheit dazu erhalte, meinen hausfraulichen Pflichten wie zu Hause nachzugehen, nur unter schwierigsten Bedingungen, auf stampfendem Kurs gegenan, wenn der Fußboden da ist, wo die Wände sein sollten.

„Ich weiß wirklich nicht, wie du das schaffst!“ rufen meine bodenständigen Schwestern und beäugen meinen kardanisch aufgehängten Kocher mit Entsetzen. Das frage ich mich selber auch. Sicher haben die Designer ihr Bestes gegeben, um eine gewisse Ordnung unter Deck einzuführen, doch manchmal besiegt ihre kleinkarierte Planung den Bordkoch. „Kompakte Pantry mit einem Maximum an Stauraum“ trompeten die Schiffsprospekte. Wie wahr! Eine Fahrtenyacht mit sechs Schlafplätzen hat sechs nette kleine Staulöcher für alles – wirklich super, wenn man vom Temperament her methodisch ist. Aber wenn du wie ich nach dem Abwasch alles irgendwo reinpfefferst, hast du am Ende immer ein paar Dinge übrig und keinen Platz mehr dafür. Diese müssen dann nach dem „Stopf es rein und knall die Tür zu“-Prinzip untergebracht werden, was auch funktioniert, bis du wieder etwas benötigst. Wenn du schnell einen Teller unter ein glühendheißes Ei schieben willst, kann es passieren, daß die Teller so eng zusammenpappen, daß keiner rausgeht, oder aber dir kommt die ganze Bescherung auf einmal entgegen und kullert im Salon herum.

Sowieso sind nicht alle so glücklich, sich eines modernen, ausgeklügelten Yachtdesigns rühmen zu können – unsere MARY LUNN ist eine ältere Holzdame, vor ungefähr vierzig Jahren in Bombay gebaut. Obwohl ihre Länge über alles elf Meter mißt, scheint sie unter Deck einst nur für zwei Personen ausgelegt worden zu sein, die mit einer Garnitur Kleidung auskamen und an Land aßen. Wir haben zwar ein Marmorwaschbecken und Messinghähne, neben denen eine Dorfpumpe winzig wirkt, doch der Stauraum besteht aus einigen wenigen Schapps, die so dunkel und unzugänglich sind, daß man ihren Inhalt nur mit einem trainierten Wiesel herausbekommt.

Das Nervenzentrum des segelnden Kochs ist natürlich der Kocher selber. Davon gibt es verschiedene Arten, und jede hat ihre eigenen Macken. Petroleum- und Spirituskocher bieten mehr Beweglichkeit und haben ihren gasgefüllten Rivalen gegenüber den Sicherheitsvorteil. Dennoch muß man sie genau kennen und braucht starke Nerven, um sie anzuzünden. Zwar kann ein Blick auf das Resultat einer Gasexplosion genug sein, um einen lebenslang in einen Freak für kalte Braten mit Salat zu verwandeln, dennoch muß man die Vor- und Nachteile von Petroleum und Gas abwägen. Was ist unangenehmer: die zwar seltene, doch real bestehende Chance eines alles zerstörenden Knalls, wenn die Gasflasche hochgeht, oder die tägliche Möglichkeit, die Welt ohne Augenbrauen und mit einem plötzlich zurückgewichenen Haaransatz zu begrüßen, weil du in einen unerwarteten Ausbruch der rußigen Petroleumflamme geraten bist?

Nachdem wir mehrmals eine hoch auflodernde Petromax-Lampe in äußerster Eile aus dem Salon ins Freie expediert hatten, entschieden der Skipper und ich uns für die Bequemlichkeit, beim Kochen nur den Gashahn aufzudrehen. Doch da wir beide von Natur aus vorsichtig und feige sind, denken wir ständig an sein zerstörerisches Potential. Jeder von uns schnuppert immer wieder wie ein Bluthund auf der Fährte der Mordwaffe um den Kocher und das Flaschenschapp an Deck herum, doch auf diese Weise ist ein Leck kaum aufzuspüren. Der Haken ist, daß so viele Arbeiten an Bord — Lackieren, Auftanken, das Kochen eines Currystews oder versehentliches Nichtspülen der Toilette — eine Aura geheimnisvoller Aromen erzeugen, die einen leicht auf die falsche Fährte bringen können. Wacht einer von uns morgens mit dickem Kopf und verkatert auf, schmieren wir die Gasleitungen sofort mit flüssiger Seife ein und schwören Stein und Bein, daß wir Blasenbildung beobachten, obwohl wir die pelzige Zunge und den benebelten Kopf gerechterweise der halben Flasche Scotch vom Vorabend zuschreiben sollten. Ich fürchte mich vor einem ernsthaften Gasleck nicht nur wegen der Sicherheit. Man hat mir erzählt, daß das Gas in die Bilge sickert und eimerweise ausgeschöpft werden und außenbords gekippt werden muß. Klingt sicherlich richtig, aber würde man sich nicht wie ein kompletter Idiot beim Ausschöpfen von etwas Unsichtbarem vorkommen?

Wenn man seine Kombüse einrichtet, heißt die goldene Regel: so wenig wie möglich, doch davon die beste Qualität. Wie viele andere Paare auch litten wir am Beginn unserer seglerischen Karriere unter leichten Bargeldproblemen, so daß „Pott un Pann“ sowie Besteck vom Preiswertesten sein mußten. Inzwischen älter und klüger, doch nicht unbedingt finanziell bessergestellt, haben wir gelernt, daß

Koche, solange du noch die Zeit dazu hast.

man am Ende mit dem billigen Zeug nicht spart. Unser Heim an Land ist nun mit verbogenen, verrosteten Töpfen ausgestattet, während die teuren mit dem schweren Boden, in denen nichts anbackt, jetzt in meine Pantry gewandert sind. Das Abwaschen ist ebenfalls viel leichter, da es in Ermangelung heißen Wassers auch ziemlich gut mit Küchenpapier erledigt werden kann. Wir können jetzt sogar in vorher verbotenen Leckerbissen wie Rührei, Porridge, Griespudding und Tomatensuppe schwelgen, ohne die nächste Mahlzeit oben auf den verkohlten Überresten der vorigen kochen zu müssen. Ebenso sind wir durch die Investition in ein Qualitätsbesteck vom mittelalterlichen Bankettsyndrom befreit, das Fleisch mit bloßen Händen auseinanderreißen zu müssen, wenn unsere billigen Messer und Gabeln am Griff abgebrochen waren. Und da die Mehrzahl unserer Mahlzeiten auf Fahrt nach der hastigen „Koche, solange du noch die Zeit dazu hast"-Devise zubereitet werden, vom unberechenbaren Wetter diktiert, ist zähes Fleisch eine normale Eigenschaft der Bord-Cuisine.

Das praktischste Gerät in der Waffenkammer eines jeden Segel-Chefs ist — natürlich abgesehen vom Flaschenöffner — die gute alte, zuverlässige Bratpfanne. Ich habe alles gelesen, was die Gesundheitsexperten über tierische Fette und hohen Cholesterinspiegel sagen, und ich bezweifle ihre Weisheit auch nicht; dennoch komme ich ohne meine treue Freundin, die Bratpfanne, einfach nicht aus. Sie arbeitet schnell und zuverlässig, erfüllt die Luft mit appetitanregenden Düften und klingt sogar geschäftig und fröhlich bei der Arbeit. Ich bevorzuge eine große mit hohem Rand und einem Deckel, um das Überkochen zu verhindern. Ich finde, sie ist das vielseitigste Gerät von allen. Ich kann in ihr braten, grillen, Suppen kochen und Stews schmoren. Ich gebrauche sie für Pfannkuchen, zum Brötchenaufbacken, und ich habe sogar schon einmal den Griff abgeschraubt und einen passablen Schokoladenkuchen darin gebacken, als uns zum Feiern war. Wenn wir wirklich faul sind, pflanzen wir sie in die Mitte auf den Tisch, und die ganze Familie ißt aus ihr, ohne Teller schmutzig zu machen. Sie ist außerdem nützlich zum Kleinklopfen von Stangeneis für die Kühlbox, zum Erschlagen frischgefangener Makrelen, zum Einschüchtern rebellischer Kinder oder als Notpütz zum Lenzen des Beiboots. Es ist ein Maßstab für das hohe Ansehen, das meine treue Freundin bei mir genießt, daß ich darauf bestand, daß der Skipper so lange nach ihr tauchte, bis er sie wieder hochgeholt hatte, während ich sonst das Außenbordsgehen jedes anderen Ausrüstungsgegenstandes mit einem Achselzucken und einer milden Verwarnung des Schuldigen quittiere.

Die Wahl des Proviants, den man auf eine Fahrt mitnimmt, richtet sich in gewisser Hinsicht danach, was eine Familie genau essen wird, doch glaube ich, daß dabei zwei wichtige Faktoren bedacht werden sollten. Erstens: Wenn sie hungrig sind, essen sie fast alles, ganz gleich, wie mäkelig sie an Land auch sind. Zweitens: Einige der beliebtesten Nahrungsmittel sind für den Bordgebrauch einfach untauglich. Nehmen wir zum Beispiel das einfache Ei. In fast jedem Segelepos, wenn du so was gern liest, findest du eine Beschreibung der Team-verbindenden, endlosen Tage, die damit verbracht wurden, Eier in flüssiges Kerzenwachs zu tauchen oder was auch immer man heutzutage als Konservierungsmittel benutzt. Ich wage zu behaupten, daß die Versorgung mit natürlichem Protein wichtig ist, wenn du einen monatelangen Törn außer Landnähe vorhast. Ich persönlich allerdings habe mich mit dem Ei als Segelkameraden nie ganz angefreundet. Ich will seine Vielseitigkeit nicht leugnen — doch es kann in vieler Hinsicht stören. Staue Eier zu lange, und sie werden schlecht mit einem Gestank wie die Gummistiefel des Skippers an einem warmen Tag. Staue sie unvorsichtig, und sie zerbrechen und dein Kühlschrank sieht aus, als sei ein Riese darin Amok gelaufen.

Und außerdem: Was kann man schon viel mit einem Ei bei holpriger See anfangen? Ein Omelett machen? Hast du schon mal versucht, ein Omelett auf einen hopsenden Teller zu bugsieren? Sie kochen? Wer hat schon Eierbecher an Bord? Ich nicht, denn ich weigere mich, wertvollen Stauraum mit Gegenständen zu vergeuden, die nicht wenigstens zwei Zwecken dienen. Eierbecher müßten sich zumindest noch bewähren können als Ösfaß, als Gefäß für Tischabfälle oder sogar als Trinkgefäß für den gelegentlichen Martini. Rühreier? Das ist ganz einfach — die Eier besorgen das schon für dich —, doch wenn es ans Servieren geht, siehe oben unter Omelett. Spiegeleier? Trotz meiner vorangegangenen Abhandlung über die Tugenden der Bratpfanne sind Eier streng nur im Hafen darin zuzubereiten, sonst verbrennt man sich die Finger am heißen Fett, wenn die Pfanne zu dir hochschwingt, und bestenfalls bekommst du Eier, die alle auf eine Seite der Pfanne geschleudert worden sind und dort untrennbar aufeinanderliegen und dich in mürrischem, gelbäugigem Vorwurf ansehen. Wenn mir nach einem Ei ist, kaufe ich sie frisch im Hafen (denn selbst im einsamsten Hafen findest du gewöhnlich einen kooperativen Bauern oder genauer: ein Huhn). Vor dem Auslaufen verputzen wir die Reste alle auf einmal.

Andere Dinge, die von Ernährungsexperten für die Gesundheit des Seglers als lebensnotwendig angesehen werden, sind Frischfleisch, Fisch, Frischgemüse und viel Zitrusfrüchte. Ich denke, daß dies wichtig ist zur Vermeidung von Skorbut und Rachitis, doch für den durchschnittlichen Feriensegler, und besonders für die Kinder, die im Winter eh mit großen Gaben teurer Vitamine vollgestopft werden, wird etwas weniger Teures für die kurze Ferienzeit ausreichen. Frischer Fisch ist natürlich ein geldsparender Faktor, wenn ein eifriger Angler an Bord ist und wenn du die Anschaffungskosten von Angelgerät und von „todsicheren“

Ködern nicht rechnest, die regelmäßig im Seetang verlorengehen oder, wie der Angler es ausdrückt, „von einem dicken Brocken glatt durchgebissen wurden". Das Angeln selber mag ja ganz spaßig sein, das Ausnehmen, Säubern und anschließende Abspülen des Decks sprechen den Koch indessen nicht sehr an.

Wenn man nicht gerade ein Schiff besitzt, das sich einer Gefriertruhe rühmt, mußt du dich sowieso teilweise mit vorgefertigter Nahrung abfinden. Also warum dann nicht konsequent sein, dem Smut eine Atempause gönnen und so viele Fertiggerichte, Konserven, Trockennahrung und andere arbeitssparende Mahlzeiten wie möglich bunkern? Als einzige Konzession an kulinarische Extravaganzen bringe ich eine kleine Auswahl an Kräutern und Gewürzen mit an Bord.

Unnötig zu bemerken, daß Kochbücher in einer gutgeführten Pantry, in der die Improvisation die Meisterschaft des Chefs ausmacht, keinen Platz finden. Auf diese Weise essen wir so seltene Delikatessen wie „Chili con Corned beef", Instant-Kartoffelpüree „à la Bolognese" und „Wettervorhersagen-Pie", deren Zutaten ebenso wie beim Labskaus nur der Koch und der liebe Gott kennen. Ich tausche ungern Rezepte aus, hauptsächlich, weil ich mich hinterher nie daran erinnere, was ich alles zu einem bestimmten Menü mit einer besonderen Geschmacksnote zusammengeworfen habe. Aber hier ist ein typisches Fragment aus dem Schwarzbuch der Yachtküche, das schon manche einsam durchwachte Nacht etwas erträglicher gestaltet hat. Ich könnte der Komposition einen tollen Namen geben wie etwa „Brot à la Bretonaise", doch bei meiner Sippe ist es bekannt als „heiße Zwiebelpampe", und so sei es. Es wird hergestellt wie folgt:

1. Überprüfe, ob die Selbststeueranlage richtig arbeitet. Suche den Horizont nach Riesentankern, Schulen von Killerwalen usw. ab.
2. Schlüpfe unter Deck, fülle Wasserkessel und erhitze ihn.
3. Stürze zurück an Deck, um mehrmals tief durchzuatmen.
4. Beachte pfeifenden Wasserkessel. Wiederhole Schritt 1.
5. Fülle Becher halb mit getrockneten Zwiebeln. Gieße kochendes Wasser darüber. Laß Zwiebeln aufquellen.
6. Wiederhole Schritt 3.

7. Klatsche Butter, Margarine oder irgendeine andere wasserdichte Schicht auf zwei Scheiben Brot, füge einen Klecks Marmite-Extrakt hinzu. Nimm eine Handvoll heißer, aufgequollener Zwiebeln. Fluche ausgiebig über verbrannte Finger. Wirf Zwiebeln auf eine Scheibe, quetsche die zweite fest darauf. Fülle Zwiebelbecher erneut mit heißem Wasser, rühre Marmite-Extrakt hinein.
8. Wiederhole Schritt 3. Nimm „Zwiebelpampe“ ins Cockpit mit, füge Regen- und Seewasser nach Geschmack hinzu.

Laß es dir schmecken, du tapfere kleine Seglerbraut!

6
Von der Wiege bis zur Woge

Ein „frohes Ereignis" bezieht sich für das Seglervolk nicht *immer* nur auf den Stapellauf eines neuen Schiffes. Obwohl man manchmal geneigt ist, eher das Gegenteil anzunehmen, geht die Welt außerhalb der Segelszene dennoch weiter, und neues Leben wird geboren und macht deutlich auf seine Wünsche und Nöte aufmerksam. Nachdem sich Skipper und Mannschaft zusammengetan haben, um ein winziges neues Crewmitglied zu produzieren, entdecken sie rasch, daß das Leben mit Kindern an Bord ohne Meuterei oder Kindsmord als Folgeerscheinung eine Kunst für sich ist. Und unweigerlich hat die Frau an Bord die Hauptlast dabei zu tragen.

Dabei spielt es keine Rolle, wie oft du dir selbst versicherst, daß *sie* lernen müssen, sich in *deinen* Lebensstil einzufügen, und daß sie sich bald glücklich an die Bordroutine anpassen werden, noch helfen die vielen Träume, die du von einer gesunden, freien Familie gehegt hast, die ihr makelloses Fahrtenheim jauchzend vor Freude in einen glühenden Sonnenuntergang steuert — früher oder später wird dir die Wahrheit dämmern: Kinder an Bord sind immer im Weg, gehen dir auf die Nerven und feilen ihre heimtückischen Tricks gewöhnlich derart aus, daß ihre Gegenwart jede wache und vermutlich auch so manche schlafende Stunde dominiert.

Da gibt es keine anstrengende Überfahrt, zum Beispiel ein übles Bolzen in Strom gegenan an einem grauen, nassen Tag, die nicht noch verschlimmert werden kann durch die Anwesenheit einiger lebendiger junger Köpfe, die viel zu sagen und nicht genug zu tun haben. Da ist keine fummelige Arbeit wie die diffizile

Reparatur praktisch unerreichbarer Teile der Maschine, die eine außergewöhnlich behutsame Hand und atemberaubende Genauigkeit erfordert, die nicht noch erschwert werden kann durch einen kleinen wolligen Kopf, der ständig das spärliche Licht verdeckt durch winzige forschende Finger, die aufgeregt auf alle Teile zeigen, die dir in das Bilgewasser gefallen sind, erschwert auch durch diese schrille junge Stimme mit der ewig gleichen Frage: „Was machst du, Vati?" Selbst eine friedliche Nacht vor Anker in einer stillen, mondhellen Bucht kann durch das ermüdende Hin und Her zwischen Schlafsack und Vorschiff ruiniert werden, um auf rührende kleine Angstschreie zu reagieren: „Mami, will trinken/Keks /Pipi/ Märchen . . ." oder, o Freude über Freude: „Meine Koje wackelt, mir ist schlecht."

Du könntest sie natürlich auch zu Hause lassen, doch das setzt zwei sehr unwahrscheinliche Bedingungen voraus: Erstens müssen deine Kinder genügend trainiert sein, um sich regelmäßig abschieben zu lassen, während du abrauschst, um deinem Vergnügen zu frönen, und zweitens brauchst du zahlreiche Freunde und Verwandte, die willens und bereit sind, sie zu übernehmen.

Nein, die volle Wahrheit ist: Je eher du den Eingewöhnungsprozeß an Bord startest, desto besser ist es für alle Beteiligten, selbst wenn es bedeutet, daß Windeln von den Nocken flattern und Babyfläschchen den Platz des Gins im Flaschenschapp einnehmen — es muß eben sein. Unsere beiden Söhne erlebten ihre ersten Seemeilen über den Rand des Tragekorbs hinweg, und obwohl es viel zusätzliche Arbeit bedeutete, machte es doch auch Spaß und hatte dazu den Vorteil, daß die Kinder Segeln als Lebensstil schon als normal empfanden, als sie noch zu klein waren, um Einwände dagegen zu erheben.

Es gab noch mehr Vorteile. Die Bewegung der See verleitet das Kind dazu, einen Großteil des Tages zu verschlafen — eine ungeheure Erleichterung für die Eltern des störrischen Bratens, der zu Hause unbegreiflicherweise von früh bis spät schreit. Wenn die Bewegung sich jedoch extrem verstärkt, kann sich die einschläfernde Wirkung dramatisch ins Gegenteil verkehren. Babys sind leider schlecht dafür konstruiert, bei Windstärke 6 das Gleichgewicht zu bewahren; sie kullern in ihrem Körbchen herum wie Erbsen in einer Kinderflöte. Wenn der Korb selber

nicht fest an seinem Platz verankert ist, erleben sie bei jedem Eintauchen und Rollen des Schiffs eine Holterdipolter-Rutschpartie. Das verhinderten wir durch die Anschaffung einer winzigen Hängematte — nicht jener netzartigen, in der die kleinen Arme und Beine durch die Löcher rutschen und auf unnatürliche und schmerzhafte Weise verrenken können, vielmehr kauften wir eine Hängematte aus solidem, festem Segeltuch. Wenn sie für die Marine gut genug sind, dann auch für uns, und wir segelten mit unseren unter Deck kardanisch aufgehängten, zufrieden schlummernden Babys so manche Meile.

Das Hauptübel einer Kleinkinderbewahranstalt an Bord ist der Nahrungsprozeß: nicht nur das sich häufig wiederholende Hineinstopfen von Futter am oberen Ende — obwohl das starke Nerven und eine sichere Hand verlangt, wenn der Salon nicht mit durchpassierten Pflaumen buchstäblich gesprenkelt werden soll —, sondern auch die Ergebnisse, die am weniger erfreulichen Ende des Säuglings erzeugt werden.

Stoffwindeln, die Einweichen, Waschen und Trocknen erfordern, sind untauglich. Mein Magen rebellierte schon, noch ehe ich mit dem Auswaschen begonnen hatte, und außerdem hatte der Skipper es nicht gern, wenn sein Schiff wie eine segelnde Wäscherei aussah. Einmal gar klemmte das Ruder, als wir durch dichten Hafenverkehr rauschten. Der Skipper rastete völlig aus, als er als Ursache einen Klumpen Windeln entdeckte, die ich heimlich auf die Steuerseile gehängt hatte, die durch die Achterpiek laufen.

Deshalb ein Hoch auf die Papierwindeln! Leider brauchen sie ein wenig Zeit, um zum Wohnort von Krabbe und Köderwurm hinunterzusinken; deshalb ist es eine irgendwie unsoziale Geste, sie an einem belebten Ankerplatz außenbords zu werfen, so daß sie wie eine Invasion unhygienischer Quallen mit der Tide hin und her driften. Die Aufbewahrung für die spätere „Entsorgung" führt indessen zu einer interessanten Duftnote im Salon und zu häufigen Besuchen der einheimischen Schmeißfliegen-Bevölkerung.

Als unsere Kinder in diesem Stadium waren, besaßen wir eine „Atalanta" mit Doppelschwertern — sehr nützlich, um gebrauchte Windeln durch die Schwertkastenschlitze unbemerkt auf Tiefe zu befördern. Wenn wir den Anker lichteten, ließen wir unseren eigenen kleinen Schmuddelteich hinter uns zurück; für die in der Nähe ankernden Schiffe wurde das erst offensichtlich, wenn wir schon längst über alle Berge waren.

Das Krabbelalter brachte eine völlig neue Häufung möglicher Katastrophenvariationen mit sich. Jetzt hatte die Wanderlust eingesetzt, und kein Schapp war davor sicher. Gashähne konnten gedreht werden, Absperrhähne geöffnet, Diesel- oder Spirituskanister aufgeschraubt und der Inhalt entweder probiert oder verschüttet werden. Ewige Wachsamkeit wurde unser Los. Freiwache bedeutete Wachegehen bei den Kindern, und obwohl Nachtfahrten einfacher waren, gab es keine Chance zum Schlafen bei Tage. Sogar im Hafen war es schwer, sich zu entspannen. Es ist wirklich erschütternd, wie oft pro Stunde ein Kleinkind sich hoffnungslos selbst in einer kurzen Sorgleine verheddern kann. Schwimmwesten für diese Altersgruppe sind in ihren Proportionen derartig sperrig, daß es kein Wunder ist, daß die Kinder darin zu Bündeln hilfloser Frustration werden.

Natürlich habe ich die Augen aufgesperrt, um festzustellen, wie andere Eltern es schaffen, doch bis jetzt hat sich keine andere Lösung als ständige Wachsamkeit

ergeben. Ich habe Kleinkinder gesehen, die frei im Cockpit herumwanderten, in der Annahme, es bilde einen angemessenen Laufstall, und ich habe ebenfalls die hastigen Rettungsgriffe beobachtet, um sie zurückzuholen, wenn sie mit einem schnellen Aufschwung am Steuerrad überraschten und sich darauf vorbereiteten, von dort ins Blaue zu tauchen. Ich habe Schiffe gesehen, deren Seereling erhöht und wo zwischen den Relingsstützen ein starkes Netz gespannt war – wirkt Wunder, wenn es dir nichts ausmacht, ein Schiff zu segeln, das wie ein Tennisplatz aussieht. Ich habe ein Baby gesehen, das in einen Autositz geschnallt und damit ans Schandeck gehakt war – dies ist offenkundig gefährlich, da weder Autositz noch das daran gefesselte Baby schwimmfähig sind, wenn sie zufällig einen Schubs bekommen sollten.

Irgendwie geraten sie dann allmählich in ein Stadium, in dem sie für sich selbst denken können und vielleicht sogar die Gründe für die Sicherheitsvorkehrungen einsehen. Das Leben sollte dann eigentlich einfacher für dich werden – doch weit gefehlt! Das nächste Problem ist Langeweile, besonders, wenn sie noch zu klein sind, um aktiv am Segeln teilzunehmen.

Du kannst deine Gummistiefel verwetten, daß die lieben Kleinen auch nicht das leiseste Interesse für all das Spielzeug verraten, auf dem sie beim Packen als unverzichtbar bestanden haben. Ihre Auswahl lebenswichtiger Freizeitgeräte ruft manchen bitteren Streit in unserem Hause hervor, der nur durch ein System von Sabotage und Bestechung beendet werden kann. Ich entferne heimlich die sperrigeren Gegenstände, und wenn ich ertappt werde, besänftige ich sie mit vagen Versprechungen auf künftiges Taschengeld. Diese Lösung rief einmal eine häßliche Zeit beginnender Meuterei hervor, als wir zu den Neuen Hebriden gesegelt waren und sie entdeckten, daß Spielzeugläden dort dünner gesät waren als versprochen. Trotzdem kauften sie, als wir in Stornoway waren, halb Woolworth auf, und meine Ehre war wiederhergestellt.

Inzwischen vergnügen sie sich damit, die Schiffsausrüstung umzufunktionieren. Du greifst eilig nach einem Schäkel und stellst fest, daß sie ein Dutzend oder mehr miteinander verkettet haben. Du packst eine handliche Warpleine und entdeckst, daß sie zu einem riesigen Schnurspiel oder in einen Henkersknoten umgewandelt worden ist, in dem Teddy vom Großbaum herabschwingend seinen letzten Atem aushaucht. Die Kiste mit den Schrauben und Muttern ist gewöhnlich leer; der Inhalt wurde von den Kindern in die Bilge versenkt, damit sie mit einem Magneten danach angeln können (die teuren Niro-Schrauben bleiben natürlich unten, und ein erzürnter Skipper muß später nach ihnen fischen). Ihr Lieblingssport aber ist es, Fender nachzuschleppen. Sie lassen einen Fender an einer langen Leine achteraus und beobachten, wie er auf dem Kielwasser herumhopst. Wir vermenschlichen sie, indem wir ihnen Namen geben und Gesichter aufmalen. Anfangs benutzten wir dafür „wasserfeste" Stifte, doch diese hielten nicht, was ihr Name versprach: Wenn wir längsseits gingen, hinterließen die Fender an den Nachbarbooten unfeine Abdrücke, was uns manchen scheelen Blick einbrachte. Deshalb klauen wir dem Skipper für dieses Vergnügen jetzt sein Tape und schließen Wetten darauf ab, wessen Kunstwerk am längsten dranbleibt.

Furcht ist ein weiteres Problem, das Kinder in den Blickpunkt rückt. Bei uns an Bord ist es gewöhnlich *meine* Angst, die sie unterstreichen, indem sie entweder in mein Heulen einstimmen, wenn ich von Panik ergriffen bin, oder mich unaufhörlich piesacken, mit ihnen Scrabble zu spielen, während ich insgeheim versuche, ein wenig bleich im Gesicht, mit fest zusammengepreßten Lippen die Angst

zu unterdrücken. Ich weiß zwar, daß Erwachsene in Streßsituationen Säulen fester Ruhe und Zuversicht sein sollten, was auch sicherlich richtig ist. Ich bin nur leider nicht sehr gut darin, das ist alles.

Wenn ich Trost anbiete, wird er nicht notwendigerweise in jedem Fall angenommen. Der junge Geist durchschaut mit erschreckender Klarheit Ausflüchte und falsche Fröhlichkeit bei Erwachsenen. Sie brauchen nur ein paarmal durch „dieses komische, holprige kleine Stück vor uns“ zu fahren, um in grimmiger Resignation aufzuseufzen und das nächste Mal, wenn sie diese Ankündigung wieder hören, nach der Pütz zu langen. Zum Glück scheint Seekrankheit Kinder nicht zu sehr zu stören. Kotzen und Klappe halten ist ihr Motto.

Vor nicht langer Zeit überquerten wir die Irische See und gerieten bei dem vergeblichen Versuch, eine Schlechtwetterfront auszusegeln, in die Stromkabbelungen vor dem Mull of Kintyre. Da das Großsegel fast weggerefft war, machten wir nur langsame Fahrt voraus und stampften fürchterlich in der schweren See. Der graue Himmel einer nassen Morgendämmerung half wenig, die Düsterkeit zu erhellen. Plötzlich hörten wir über dem Heulen des Windes und dem Rauschen der Seen klagende kleine Schreie von unten. Ich griff mir zwei Eimer und stieg hinunter, um, so gut es ging, zu trösten, konnte mich aber nur zwischen ihren Kojen verkeilen und versuchen, die zwei einigermaßen an ihrem Platz zu halten. Dann füllten sie hitzig die Eimer — und auch noch die Brusttasche meiner Öljacke. Ich machte mir langsam Sorgen, denn ich wußte, daß wir günstigstenfalls noch neun Stunden vor uns hatten, doch es war alles in Ordnung. Mit einem abschließenden Rülpser seufzten sie beide in offensichtlicher Erleichterung, wünschten mir einen guten Morgen, kuschelten sich wieder in ihre nun etwas würzigen Schlafsäcke, und wir hörten nichts mehr von ihnen. So lange nicht, bis wir sicher im Hafen lagen und der Skipper und ich uns einige starke schottische Malzbiere einpfiffen, um unsere zerrütteten Nerven zu beruhigen. Zwei schläfrige Köpfe erschienen, erfaßten mit einem Blick die Lage und verlangten, sofort zu einem Fisch- und Eiscreme-Essen an Land geführt zu werden.

Doch wenn wir das Segeln mit Kindern als ziemliche Heimsuchung empfinden, frage ich mich, was die eigentlich von uns denken. Tauschen auch sie Horrorgeschichten über unser unvernünftiges Verhalten aus, wie wir sie auch über sie erzählen?

Ich überlegte mir dies nach einem unglücklichen Zwischenfall, der sich ereignete, als wir vor einem steifen Wind den Sound of Mull hinunterliefen. Vom älteren Sprößling erhielten wir fortwährend schrille Beschwerden über komische Geräusche unter seine Koje. Ich war gerade am Ruder, deshalb übernahm der Skipper die elterliche Verantwortung des Verstehens und Versicherns, und ich hörte ihn liebevoll zum Kinde sagen, es möge gefälligst endlich die Klappe halten und wieder schlafen. Kaum waren diese Worte seinen Lippen entschlüpft, als es unter eben derselben Koje einen lauten Knall gab. Mein Gatte flatterte wie eine erschreckte Eule ins Cockpit. Das Steuerseil war gebrochen, und das Rad drehte sich leer in meinen Händen. Ich ziehe es vor, bei den nächsten Minuten nicht zu lange zu verweilen — der trockenen Kehle, den weichen Knien, der sich nähernden Inselfähre, während der Skipper hastig eine Notruderpinne auf den Ruderschaft setzte. Wir retteten uns arg erschüttert in den nächstbesten Schutzhafen. Zufällig gingen wir an einem Schiff längsseits, mit dessen Crew wir befreundet waren. Eins der Kinder rief einen Gruß zu unserem Sohn an Deck herüber.

„Hallo, frag mal, ob du mit mir im Beiboot rudern darfst. Wo ist denn deine Mami?“

„Ach, die sitzt auf ihrer Koje“, verkündete unser Sohn mit der Miene desjenigen, der an solche Dinge gewöhnt ist, „die weint und trinkt Gin.“

Was für ein wundervolles Bild mütterlicher Aufopferung nimmt er doch mit in seine Erwachsenenjahre!

7
Freundliche Segelkameraden

Eine der Kriegslisten, die von eifrigen Skippern manchmal benutzt wird, um eine zögernde Gattin für das Segeln zu begeistern, ist der Spruch: „Mach doch mit, die Leute werden dir gefallen!" Sie lassen dich glauben, daß die Yachtszene eine Nonstop-Runde schulterklopfender Herzlichkeit und Kameradschaft sei, in der jeder immerwährend bereit ist, dem anderen zu helfen. Laß dich nicht täuschen!

Schauplatz ist ein bekannter Yachthafen, Abend senkt sich herab. Die erfahrenen Skipper haben alle an ihren eifersüchtig verteidigten Liegeplätzen festgemacht und sind nach dem Austausch einleitender Freundlichkeiten damit beschäftigt, einen Teil der Maschine auseinanderzunehmen oder das vorbeikommende Geschehen zu beobachten — beides nur vorgeschobene Tätigkeiten, um die erregte Unterhaltung auf dem Nachbarschiff mitzubekommen.

„Ich habe dir gesagt, daß ich mit dem nächsten Zug nach Hause fahre, wenn du noch mal in solchem Ton mit mir sprichst", zischt ein verärgertes Weib. „Und im übrigen könntest du das Herumlungern auf der Koje beenden und die Kartoffeln schälen — ich bin doch schließlich nicht dein Kuli!"

Plötzlich erscheint ein Neuzugang mit einer unerfahrenen Crew — leicht zu erkennen am Skipper, der Befehle wie kurz vor einem hysterischen Ausbruch stehend kreischt, einer Deckshand, die mit dem tückisch flatternden Großsegel kämpft, und einem wildäugigen Weib mit einem Festmacher zwischen den Zähnen, das mit der Fock ringt in dem vergeblichen Versuch, sie zu bergen, ohne vorher das Fall losgeworfen zu haben. Der Skipper zerrt an der Pinne, als sei sie eine Art hydraulisches Bremssystem, während sein Blick an den versammelten

Fahrzeugen entlangrast auf der Suche nach einem freien Platz, aber keinen findet. „Bitte längsseits gehen zu dürfen", schreit er verzweifelt ins Leere, denn die Skipper sind längst unter Deck verschwunden wie Kaninchen vor einer Schrotladung. Sein Todeskampf jedoch bleibt nicht unbeobachtet: Eine Kumpanei feindseliger Augen erscheint an den Bulleyes — Familienkrach vergessen —, und das Zusammenkrachen seiner ausgerissenen Relingsstützen wird in einem Chor von Zungenschnalzen und übertriebenen Seufzern der Ungläubigkeit ertränkt. Soviel zur Theorie der „freundlichen Segelkameraden"!

Selbst wenn du den Versuch machst, eine freundschaftliche Hand auszustrecken, kannst du nicht sicher sein, daß sie warm begrüßt wird. Ich erinnere mich, wie wir einmal zusammen mit einigen anderen Schiffen auf der Suche nach Schutz in ein kleines schottisches Loch einliefen. An der besten Stelle lag einer dieser schwimmenden Paläste an einer Muring — die Art von Schiff mit einem Rennboot in den Davits und elektrischen Tischlampen mit Wildlederschirmen, die den Räucherlachs auf dem Tisch beleuchten. Unter einer schick gestreiften Persenning gegen den strömenden Regen schlürften der Eigner und seine Gemahlin ihren Martini. Jedesmal wenn einer von uns vorbeikam und jämmerlich Ankerkette steckte und nasse Haarsträhnen ausspuckte, hoben sie ihr Glas in jener herzlichen Begrüßung, die von der herrschenden Klasse so sehr geliebt wird: „Kleine Brise heute, was? Hahaha!" Und jeder von uns, muß ich mit einiger Beschämung zugeben, duckte den Kopf und gab vor, nichts gehört zu haben. Nicht so die Mannschaft eines Schiffs, das bei Einbruch der Nacht hereinrauschte. Es war eine ziemlich schäbige Yacht, bemannt mit ungefähr zwanzig riesigen, haarigen Schotten, die offensichtlich einen rauhen Törn hinter sich hatten und nicht zum Spaßen aufgelegt waren. Sie steuerten direkt auf den Palast zu, und der Eigner, der eine neuerliche Quelle der Erheiterung witterte, sprang wieder mit einem Schrei reinen Entzückens auf:

„Rauhe Nacht, Jungs, was? Wette, seid froh, drin zu sein, hahaha!"

Der Neuankömmling fixierte ihn mit frostigem Blick, bar jeglichen Humors: „Ja", dröhnte er drohend, „und du liegst an meiner Muring! Ich wär' dir dankbar, wenn du dich verpfeifen würdest, und das bannig schnell!" Für uns andere

„Ja, und du liegst an meiner Muring!"

war die folgende halbe Stunde aufheulenden Motorenlärms und viel Rangierens die reine Freude. Im Grunde unseres Herzens sind wir eine häßliche Bande.

In Wahrheit genießt eine Crew nichts mehr, als wenn ein anderer armer Schlucker Mist baut – natürlich wünschen wir ihnen nicht ernstlich etwas

Schlechtes, nur ein wenig zeitweilige und (für uns) höchst kurzweilige Verlegenheit. In den irischen Gewässern, die mein Heimatrevier sind, geschehen solche Zwischenfälle ziemlich oft.

In einem Nachbarhafen zum Beispiel gibt es eine Stelle am Kopf der Pier, die im Seehandbuch eindeutig als ungünstiger Liegeplatz beschrieben wird — und er *ist* schlecht, denn das Abflußrohr der dortigen Toiletten mündet in der Kaimauer. Bei Niedrigwasser befindet es sich ungefähr einen Meter über Decksniveau. Besucher, sehr oft kommen sie vom Kontinent, scheinen nichts von dieser kleinen Gefahr für die Gesundheit zu wissen; sie legen fröhlich dort an und beglückwünschen sich zu einem Liegeplatz so dicht bei allen Annehmlichkeiten. Bisher habe ich noch keinen freundlichen Einheimischen gesehen, der sie etwa über ihren Irrtum aufgeklärt hätte. Einmal beobachteten wir einen sonnengebräunten gallischen Seemann in reinweißem Ausgehanzug, der beschloß, der anwesenden Damenwelt sein athletisches Talent dadurch zu zeigen, indem er sich Hand über Hand an der Festmacheleine hochhangelte, genau an dem anstößigen Rohr vorbei. Und was machten wir? Wir hielten nur die Luft an und warteten darauf, ob ein Spülgeräusch genau im richtigen Augenblick zu vernehmen sein würde — und so war es. Mit scheinheiligen Sympathiebekundungen drehten wir uns ab, rollten mit den Augen, kichernd über unsere listige Verschwörung.

Nicht jeder verdient eine derart gefühllose Behandlung durch seine Kameraden, und es ist sowieso nie klug, zu laut zu schreien: Du könntest der nächste sein. Und wenn du eine Frau bist, merke, daß tausend zu eins die Schande irgendwie bei dir hängenbleiben wird, wenn dein Schiff einen Schnitzer macht.

Einige Skipper aber fordern es einfach heraus. Ich persönlich verabscheue diejenigen, die den frühen Morgen rühmen, das „klare Sicht und frischer Wind"-Getue — als wäre es eine lobenswerte Leistung, mit den Hühnern aufzustehen. In einer Kneipe trafen wir einmal einen Burschen — Skipper einer berühmten Rennyacht, dessen Namen ich verschweigen will —, der uns mit der Schilderung langweilte, wie er seine Mannschaft auf Vordermann getrimmt habe und daß, während wir alle noch mit dickem Katerkopf in unseren muffigen Schlafsäcken grunzten, *er* schon auf, auf und davon sei über die Meere und wieder einen neuen

Hand über Hand am anstößigen Rohr vorbei.

Rekord ans Revers heften würde. Schlimmer noch: Seine Worte waren keine leere Angeberei, denn er lief am nächsten Morgen um halb vier mit soviel Lärm wie möglich in Form von gebrüllten und völlig unnötigen Kommandos aus: „Klar bei Fendern an Steuerbord!“ Und das um 03.30 Uhr? In einem schlafenden Hafen?

Kein Wunder dann, daß diejenigen unter uns, die sich an Deck geschleppt hatten, um seinem Abgang Glück zu wünschen, einen Augenblick unheiliger Vorfreude erlebten, als sie bemerkten, daß er resolut auf die flache Stelle zusteuerte. Ist es überraschend, daß wir uns kurzes Gelächter gestatteten, als sein Schiff so plötzlich zum Stillstand kam, daß sein nächstes Kommando abgewürgt wurde, als er sich um das Steuerrad wickelte? Und ist es wirklich eine Schande, daß wir alle wieder in unseren muffigen Schlafsäcken verschwunden waren und unseren Kater weiterpflegten, als er sich nach einer kameradschaftlich angebotenen Abschleppleine umsah?

Warum aber existiert diese verschleierte Feindseligkeit? Jeder Skipper, und natürlich auch jedes Crewmitglied, möchte als die wahre treibende Kraft hinter dem Team erkennbar werden. Aber er weiß (da das Leben nun mal so spielt), daß die Chance, diesen Status zu gewinnen und zu behalten, nur sehr wenigen vergönnt ist — schließlich sind wir nicht alle Moitessiers. Deshalb vermittelt es ihm ein warmes Gefühl der Überlegenheit, wenn er jemand anderen bei einer Kollision mit der Hafenmauer beobachtet, während er selber sie diesmal verfehlt hat, oder die Rückversicherung, daß er nicht der einzige Idiot hier ist, wenn er vorher mit ihr zusammengestoßen ist und beobachtet wurde, wie er sich mit rotem Gesicht wieder von ihr freikämpfte.

Der Skipper einer Rennyacht wird sehr sorgfältig darauf achten, die richtigen Sprüche über die Loyalität und Ergebenheit seiner Mannschaft zu klopfen: „Hätte es ohne sie nicht geschafft. Pfundskerle!“ und so weiter — doch gleichzeitig hat er es auch gerne, wenn klar erkennbar wird, wer die Entscheidungen fällt und, vielleicht noch größeres Herzensanliegen, wer die Schecks unterschreibt. Die Mannschaft ist schnell dabei, Lob auf das Haupt des Skippers zu häufen — eingedenk der Notwendigkeit, ihre Kojen an Bord behalten zu wollen: „Starke Führungspersönlichkeit. Ruhige souveräne Haltung in schwierigen Situationen“ und das alles. Aber sie wollen auch deutlich machen, und tun dies auf unauffällige Weise, wie hilflos der alte Junge gewesen wäre, hätte man ihn sich selbst überlassen.

Wir Fahrtentypen sind auch nicht besser. Wir ergötzen unsere Freunde an Land mit aufwühlenden (und nicht nachprüfbaren) Geschichten über die Gefahren der See und unser Geschick, damit fertig zu werden. Wir weiden uns an ihren neidischen und bewundernden Ausrufen, und wir hoffen lauthals und scheinheilig, sie in der nächsten Zeit mal bei uns an Bord zu sehen. In Wirklichkeit wünschen wir uns nichts weniger. Zum einen war der Hauptgrund, uns dem Seglerleben zu ergeben, die Flucht vor einer Gesellschaft von gewöhnlichen Sterblichen wie ihnen in eine Welt, in der wir unsere Phantasien von der Seefahrt ausleben können. Wenn du ihnen erlaubst, die Wirklichkeit mitzuerleben, wo bleibt dann dein Ansehen?

Früher oder später jedoch mußt du für deine Versprechungen geradestehen — und auch für all diese feinen Geschichten — und einen Besucher mitnehmen. Plötzlich bist du in einer völlig neuen Welt. Wir entdecken Seiten an unseren Freunden — und sie wahrhaftig auch an uns —, die keiner unter normalen Umständen für möglich gehalten hätte. Das kann sich auf manche Weise zeigen. Sie mögen uns als dickköpfig, realistisch und tatkräftig kennen und sind nun verblüfft, daß wir uns plötzlich in märchenäugige Romantiker verwandelt haben, die Gedichte zitieren, lyrisch werden wegen eines Regenbogens im Dunst und welche Campbell's Tomatensuppe schlürfen, als sei sie eine Speise für Götter. Genauso können wir sie für unwissende Bürohengste und Landratten halten, um dann herauszufinden, daß unter diesem Nadelstreifen-Anzug das Herz eines kleinen Knox-Johnston schlägt, der nur auf eine Gelegenheit gewartet hat, all die angeborenen Fähigkeiten zu zeigen, die Britannien zu einer der großen Seefahrernationen der Geschichte machten.

Solche raschen Verwandlungen müssen erwartungsgemäß zu Spannungen führen. Ich bin bislang noch keinem Skipper begegnet, der einen Fremden an Bord aus ganzem Herzen begrüßt, obwohl es einige besser verstehen, ihr Mißfallen zu verbergen, als andere. Das Dumme für den Neuen ist, daß er sich als Teil der Mannschaft fühlen will, obwohl er weiß, daß sie gewöhnt ist, ohne ihn zu funktionieren. Wenn er nur müßig herumhängt, fühlt er deutlich, daß er im Wege ist — und das wird er sein. Andererseits will die Crew ihn nur als andächtiges Publikum, während sie ihre Show abzieht.

Jemand muß die Verantwortung für den Besucher übernehmen — und es ist unwahrscheinlich, daß es der Skipper sein wird. Gewöhnlich lastet das Gewicht der

Kommandogewalt besonders heftig auf seinen Schultern, wenn ein Besucher an Bord ist, und er wird die Aufgabe, für diesen verantwortlich zu sein, von sich abwälzen auf ein rangniedrigeres Crewmitglied, selbst wenn der Bursche überhaupt nur auf seine persönliche Einladung da ist. Es liegt auf der Hand, daß die Wahl ganz zwangsläufig auf die Frau fällt. Das hat den doppelten Vorteil, daß der Skipper als der große Unantastbare etabliert wird und daß er jemanden hat, auf den er die Schuld schieben kann, sollte der Novize über Bord gehen, sich einen Bruch heben oder sich den Schädel an einem übergehenden Baum einschlagen. „Ich habe *dir* gesagt, auf ihn aufzupassen. Muß ich denn *alles* selber machen?“

Eine Technik, die ich als sehr hilfreich empfunden habe, besteht darin, unmittelbar nach Verlassen des Hafens die alkoholischen Vorräte anzuzapfen und den Gast für die Dauer seines Aufenthalts unter Strom zu setzen, natürlich vorausgesetzt, er ist an seinem Platze festgelascht. Dies verleiht ihm ein Gefühl gütigen Wohlbehagens und der Zufriedenheit, erkennbar an dem dummen kleinen Grinsen, das nur gelegentlich einem tiefkonzentrierten Starren weicht, wenn er herauszufinden versucht, ob es der Zustand der See oder aber die Ginflasche ist, die den Tisch so alarmierend herumschwanken läßt. Wenn er es sich in den Kopf gesetzt haben sollte, aufzustehen und herumzuwandern, wird die erforderliche Anstrengung, sich senkrecht zu halten, alle Versuche vereiteln, irgendwo mitanzupacken; deshalb sind grobe Fehler auf diese Weise minimiert. Noch besser: Wenn er endlich an Land schwankt und einige unschmeichelhafte Bemerkungen über das Betragen der Crew macht, dann wird sein offensichtlicher Vergiftungsgrad ihn deinen Segelkumpels gegenüber unglaubwürdiger erscheinen lassen.

Eine freundlichere und sicherlich billigere Methode, diese mögliche Gefahrenquelle zu kontrollieren, besteht darin, dem neuen Mann etwas zu tun zu geben — wenigstens weißt du dann, wo er ist, und er hat das Gefühl, daß er etwas beisteuert. Es ist ein falscher Eindruck, doch das ist gleichgültig, und wenn etwas schiefgeht, hast du wieder einen Sündenbock. Doch welcher Job an Bord ist für einen untrainierten Mann wirklich geeignet? Jede eingearbeitete Crew hat, unabhängig vom Rang ihres Zuständigkeitsbereichs, ihre eigenen kleinen Tricks für die anstehende Arbeit entwickelt, die der Neuling nur allmählich durch den ermüdenden

Prozeß von Versuch und Irrtum erlernen kann — wahrscheinlich werden die Fehler überwiegen.

Stelle ihn an eine Winsch, und er wird sie binnen kurzem unsichtbar machen durch den Wust der aufgewickelten Leine. In den Wust sind wahrscheinlich die Strippen seines Anoraks und auch ein Großteil seiner Fingernägel eingearbeitet, und er wird den Tampen mittels Hausfrauenknoten sichern, den er um die Trommel legt. Er wird sich über die Einladung freuen, Ruder zu gehen, doch nur wenige Minuten in kochender See werden sein Lächeln einfrieren lassen. Plötzlich steht er im Mittelpunkt der Aufmerksamkeit: Jeder an Bord glaubt, es besser zu können, und zahlreiche anonyme Hände werden sich über die seinen am Ruder legen und sie sanft hierhin und dorthin lenken. Er jedoch wird nur den heißen Atem in seinem Nacken spüren, während der Skipper den Drang bekämpft, laut loszuschreien.

Schick ihn unter Deck, um die Instrumente abzulesen, und du mußt alles, was er meldet, überprüfen. Sonst kann es geschehen, wie es uns einmal passierte, daß sein stetiges Aussingen von „sechs Meter, sechs Meter . . . " von einer knirschenden Berührung mit etwas Festem gefolgt wird, die dich glatt den Niedergang hinunterschleudert und von Angesicht zu Angesicht mit ihm bringt. „Aber es *zeigte* bis vor wenigen Sekunden sechs an", beklagt er sich heftig und deutet auf das elektrische Log, das, wie du grummelnd zugeben mußt, eine flüchtige Ähnlichkeit mit dem Echolot aufweist, wenn man an solche Dinge nicht gewöhnt ist.

Wenn überhaupt nichts läuft, kann der Skipper entweder aufgeben und den armen Teufel in der Isolation brüten und sich an Bord ungefähr so nützlich wie ein Sack Dünger fühlen lassen, oder er kann den Schwarzen Peter schnell an seine Lady weiterreichen, damit der Neuling ihr in der Kombüse helfe. Sie windet sich innerlich, wenn sie seine begeisterte Zustimmung hört: „O, gute Idee! Ich bin ein ziemlicher Experte in der Küche, wenn ich das mal von mir sagen darf." Sie kann sich freuen auf ihr dreimal gesalzenes Corned-beef-Haschee, auf überall herumkullernde Brötchen und auf den erschreckendsten Anblick überhaupt: Der Neuling balanciert gefährlich im Niedergang, umklammert eine randvoll mit brodelnder Soße gefüllte Schüssel und fragt unschuldig: „Wo soll ich sie hinstellen?"

Schadenfreude.

Es könnte sein, daß er eine Antwort bekommt, die er nie von einer Dame erwartet hätte.

An seltsamsten ist, daß am Ende des Törns sich dieses häßlich behandelte und gedemütigte Wesen umdreht, während es sich vorsichtig ins Beiboot hinunterläßt, und seinen tiefempfundenen Dank ausspricht. Doch nicht der leidgeprüften Dame gegenüber, darauf kannst du Gift nehmen, die ihn gehegt und gepflegt, gefüttert und getränkt und ihn mitleidsvoll getröstet hat, wenn er zu leichsinnig, dumm, ängstlich oder seekrank war: „Es ist alles menschlich. Ehrlich, das passiert uns auch immer wieder!" Nein, der *Skipper* erhält all die Dankbarkeit für diese wunderbare, bereichernde Erfahrung.

Und er wird mitspielen. Vor Freude glühend darüber, den Besucher endlich loszuwerden, schlägt er ihm auf die Schulter und wiehert mit penetranter Aufrichtigkeit: „Aber nicht der Rede wert, alter Knabe. Riesig, dich dabeizuhaben. Du hast es wirklich im Blut. Weiß gar nicht, wie wir es ohne dich geschafft hätten!"

Nur die Mannschaft hört seine Abschiedsbemerkung, als das Beiboot ablegt: „Aber das nächste Mal ohne dich!"

8
Segeldöntjes

Wie schon einmal erwähnt, sollten Segelstorys immer mit einem Gran Skepsis aufgenommen werden. Nicht, daß wir von Natur aus notorische Lügner wären; es ist nur so, daß die Geschichten, die wir zum Erzählen wählen, jene mit der Tendenz sind, uns und unser seemännisches und -weibliches Geschick im besten Licht erscheinen zu lassen — und wenn sie das nicht tun, werden sie ein wenig frisiert. Freunde müssen manchmal daran gezweifelt haben, ob der Skipper und ich tatsächlich auf demselben Schiff gesegelt sind, wenn sie unseren Erzählungen von den Höhepunkten unseres Sommertörns lauschten.

Um diesem vorzubeugen, haben wir ein System entwickelt, nach dem er bei den „wir gegen die Elemente"-Geschichten bleibt, während ich von den Landgängen erzählen darf. Das ist gerecht, denn er betrachtet wie so viele Fahrtenskipper, die ich kenne, jede geruhsame Erkundung eines Ortes, für dessen Erreichen er durch solche Hölle gegangen ist, als eine vergeudete Stunde. Wenn er irgendwo angekommen ist, wenden sich seine Gedanken sofort dem nächsten Ort zu und den Gefahren, die dabei unterwegs zu bestehen sind.

Für meinen Skipper sind die einzigen lohnenden Zwischenstopps diejenigen, bei denen er lebensnotwendige Vorräte ergänzt: Proviant, Treibstoff, Frischwasser. Die Notwendigkeit, die Wäsche zu waschen, ein Bad zu nehmen und sich die Haare zu waschen oder gar die Landschaft zu bewundern — das alles wird als müßige weibliche Beschäftigung abgetan. Seiner Meinung nach sieht die Landschaft aus ein paar Meilen Abstand von See her sowieso immer besser aus. Und selbst wenn er einer Unterbrechung zustimmt, wird er den Schwarzen Peter der not-

wendigen Verproviantierung auf andere Schultern schieben — meine —, weil er es vorzieht, „für den Notfall beim Schiff zu bleiben". Wenn er sehr getreten wird, mag er sich dazu herablassen, eine Ladung Lebensmittel oder einen Sack mit feuchter Wäsche auf dem oft langen Fußmarsch zu und von der nächsten Siedlung zu tragen, doch er wird es mit all der fröhlichen Bereitwilligkeit einer betagten Bulldogge tun, die in ihrem Maul eine aufgeweichte Morgenzeitung transportiert.

Um die ganze Wahrheit über das Fahrtensegeln zu erfahren, ist es am besten, am Anfang anzufangen — und das ist lange bevor das Schiff tatsächlich lossegelt. In den Wochen vorher neigt mein Skipper dazu, ziemlich oft außer Haus zu sein, „um das Schiff vorzubereiten". Das sagt er wenigstens, wenn er mit einem leicht leeren Lächeln kurz nach Kneipenschluß hereinwandert. Derweilen kämpfe ich ein aussichtloses Gefecht, um alles Segelzeug sauber und gezählt für den großen Tag vorbereitet zu haben. Wir stellen lange, komplizierte Listen auf, die später verworfen werden, da wir inzwischen die Basisdinge verdoppelt haben und uns in erbitterten Gefechten über die persönlichen Notwendigkeiten auf der Liste des anderen verbeißen. *Er* kann nicht einsehen, warum ich auf sechsmal Wäsche zum Wechseln pro Person bestehe, plus Spielzeug, Spielen, Büchern, Ersatzteddys und genügend Vorräten für eine kleine Expedition. *Ich* habe trübe Visionen bei der Zumutung, öffentlich mit jemandem erscheinen zu müssen, der glaubt, alle voraussichtlich notwendigen Erfordernisse in punkto Kleiderfragen bestünden aus einem Ersatzpullover, einem halben, mottenzerfressenen Trainingsanzug und einmal Unterhosen, alles in einen Plastikbüdel gestopft.

Ich muß ebenfalls sehr fest auf der Mitnahme von Rasierzeug bestehen, denn mein Skipper hat ständig den Drang, sich auf See einen prächtigen Vollbart wachsen zu lassen. Das Endergebnis ist tatsächlich nicht so übel — er wurde einmal für Robin Knox-Johnston gehalten und hat das nie vergessen —, aber die Stadien vorher bedürfen einiger Überwindung. Mit sieben Tage alten Stoppeln verziert, feh-

„Ich habe das Schiff vorbereitet . . .“

Bankkassierer drehen seine Kreditkarte mit unverhüllter Skepsis in den Händen.

len ihm nur noch schwärzliche Zähne und eine Spritbuddel in der Gesäßtasche, um ihn für einen Platz in der Schlange vor einer Suppenküche zu qualifizieren. Bankkassierer drehen seine Kreditkarte mit unverhüllter Skepsis in den Händen.

Das Stauen der Vorräte ist die nächste Hürde. In dem Maße, in dem der Stauraum sich verkleinert, während der Stapel an Säcken und Kartons auf dem Steg unverändert erscheint, erhöht sich die Möglichkeit für Ärger. Es kommt zu einer Krise, als ich einen privaten Biervorrat im Brotschapp entdecke und er drei Packungen Cornflakes im Kartentisch findet. Den Todesstoß versetzt uns ein durch den Transport im Beiboot aufgeweichter Karton, der seinen Inhalt ins Meer ergießt. Das bedeutet entweder, noch einmal einzukaufen, oder für eine Woche ohne Speck, Butter und Tee auszukommen.

Wenn das Wetter es erlaubt, erfolgt unser Auslaufen gewöhnlich nach Plan, doch in einem mittleren Chaos mit extremen Märtyrerallüren auf allen Seiten. Sind wir erst einmal unterwegs, lebt neuer Optimismus auf, der freilich fehl am Platze ist. Wenn Telefone, Kontoauszüge und andere kleine Irritationen des Alltags hinter uns liegen, wird es plötzlich einfach, seine Aufmerksamkeit darauf zu konzentrieren, das Schiff auf Vordermann zu bringen und sich auf die vor einem liegende idyllische Zeit zu freuen. Wie zum Beispiel bei unserer sechswöchigen Reise zu den Äußeren Hebriden. Als die irische Küste achteraus verblaßte, hatten wir solch eine klare Vorstellung von dem, was vor uns lag. Wir würden zielstrebig Stornoway ansteuern, dort die Vorräte ergänzen, uns eine Atempause gönnen und dann sachte wieder nach Süden schlendern, dort bleiben, wo es uns gefiel, die Landschaft genießen, ein wenig fischen, viel sonnenbaden, uns täglich mehr entspannen, bis wir gebräunt, fit, erholt und ausgeglichen wieder zu Hause wären.

Wie viele solcher Pläne setzte auch dieser gutes Wetter voraus. Es war wirklich nicht zuviel verlangt – nur blauer Himmel, ruhige See, Wind nicht stärker als eine mittlere Brise und immer aus der richtigen Richtung. Was wir dann tatsächlich erlebten, war ein täglicher Wechsel zwischen Aufkreuzen in Regen, Gischt und auffrischenden Winden oder Warten auf Wetterbesserung, um dann, nachdem der Wind sich gelegt hatte, mit Maschine durch eine widerwärtige alte Dünung zu schlingern, ohne einen Windhauch, um das Schiff wenigstens ein bißchen zu stabilisieren. Hinzu kamen lange Zeiten vor Anker oder zwei Ankern oder zwei Ankern plus einem schweren Gewicht an der Kette.

Unter diesen Bedingungen wurde das Verhältnis untereinander ernsthaft auf die Probe gestellt und zugegebenermaßen oft als unerträglich empfunden. Die Hinreise, die sich immer mehr zu einer Serie von Hüpfern von Hafen zu Hafen entwickelte mit einem Etmal, das traurig unter unserem geplanten Soll blieb, machte den Skipper und mich zunehmend reizbar. Zum Glück waren die Kinder anpassungsfähiger — sehr ungewöhnlich. Zu Hause, in Wärme und Behaglichkeit, mit Fernseher und einem großen Spielzeugvorrat zur Zerstreuung, lebten sie gewöhnlich in einem Zustand gegenseitiger Feindseligkeit. Doch vom Sturm in einer einsamen Hebriden-Wildnis festgehalten mit nur den Möglichkeiten, die ein kleines, feuchtes Schiff und abgespannte Eltern boten, konnten sie endlose Stunden in ohrenbetäubender Harmonie miteinander spielen. Sogar der Hund, seit seinen Kindheitstagen eingefleischter Neurotiker, wühlte sich in einen Schlafsack, seufzte tief auf und widmete sich der Aufgabe, unverdächtig zu bleiben, bis er mit Gewalt zu einem befreienden Spaziergang in die nasse Heide hinausbefördert wurde.

Für den Skipper und mich gab es solch einfache Entspannung nicht. Selbst wenn die Bedingungen derart waren, daß kein vernünftiges Schiff ausgelaufen wäre, noch dazu unterbemannt wie unseres, ergaben wir uns immer noch nicht in unser Schicksal. Unablässig suchten wir den Himmel nach dem winzigsten Wolkenloch ab und begrüßten jeden mikroskopisch kleinen Flecken Blau, als verkünde er den Beginn einer Hitzewelle. Wir streckten den Kopf aus dem Luk in einen Sturm, der die Haare flach wegwehte und normales Atmen verbot, und kletterten unter Deck mit der gegenseitigen Versicherung, daß es „schon ein wenig ruhiger" zu werden schien. Wetterberichte wurden auf Band aufgenommen und wieder und wieder abgespielt, während wir hochkonzentriert zuhörten und versuchten, den vertrauten Worten neue Bedeutung abzugewinnen.

Die einzige Art, die Spannung abzubauen, bestand darin, eine sinnvolle Betätigung zu finden, und es wird nicht überraschen, daß die Arbeiten, die der Skipper und ich wählten, sich gegenseitig verboten. Ich finde immer, daß in Streßzeiten wie diesen die Bedenklichkeit der Situation meinen normalerweise schlummernden weiblichen Nestinstikten starken Auftrieb verleiht, und ich putze und schrubbe, ordne und sortiere unbarmherzig allen Müll aus. Der Skipper andererseits nimmt gern schmutzige Dinge auseinander und verstreut sie im ganzen Schiff.

Ganz gleich, wie gut die Maschine während der letzten hundert Meilen oder mehr auch gelaufen ist: An einem schlechten Tag gibt es immer ein leises Anzeichen möglichen Ärgers, das eine sofortige Überprüfung verlangt. Teile der Maschine werden systematisch auf Kojen, Fußboden und Tisch aufgereiht, wo sie jedes für sich eine individuelle schwarze Ölpfütze verbreiten und auf das unausweichliche Umstoßen durch meinen Ellenbogen warten, durch Hundebeine oder kleine, forschende Finger. Wir können gewöhnlich dafür garantieren, daß am Ende eines Törns ein unidentifizierbares Metallstück aus der Bilge gefischt wird, ohne einen Anhaltspunkt zu haben, ob es von der Maschine, vom Echolot oder dem Pumpsystem des Klos stammt.

Solch ein typischer Interessenkonflikt ergab sich, als wir es schließlich geschafft hatten, uns bis nach South Rona durchzukämpfen, und dort auf einen günstigen Tag zur Überquerung des Minch-Kanals zu den Äußeren Hebriden warteten. Die Warterei dauerte drei Tage, und South Rona, obwohl gut geschützt, bietet wenig Abwechslung: Es ist unbewohnt und zeigte sich zur Zeit unseres Aufenthaltes kalt, naß und nebelverhüllt und beherbergte eine Mückenplage, die so dicht war, daß man keinen Fuß an Land setzen konnte, ohne einige tausend davon einzuatmen. Grundnahrungsmittel wurden knapp, und so schien der geeignete Zeitpunkt gekommen zu sein, diesen meinen mütterlichen Instinkten nachzugeben und frisches, knuspriges Brot zu backen. Orale Befriedigung würden die Psychologen das nennen.

Ich hatte kaum die Backmischung angerührt und den Tisch zum Teigkneten mit Mehl bestäubt, als sich der Skipper neben mich flegelte und unseren kostbaren Autopiloten in seinen gierigen Händen hielt. Stimmt, er war eine Spur ungenau gewesen, aber wir hatten gelernt, seine gelegentlichen Launen zu kompensieren. Ohne seine selbstlose Hilfe würde der Heimweg zu einer mühsamen Angelegenheit werden.

„Ich dachte, ich guck mal eben rein. Ich rühre nichts Kompliziertes an", versicherte mir der Skipper und bohrte einen Schraubenzieher in das Gehäuse.

„Bist du sicher, du weißt, was . . .", begann ich, doch noch bevor ich diese Frage beenden konnte, gab es einen scharfen Knacks, und mein Brotteig war mit einer derart verwirrenden Anzahl von Federn, Zahnrädern und Kugellagern übersät, daß wir kaum glauben konnten, daß sie alle durch solch ein winziges Loch im Gehäuse gekommen waren.

Die Reaktion des Skippers war bemerkenswert milde, wenn man die Größe des Schadens bedenkt. Doch er mußte für seine Dummheit zahlen. Nicht nur hatte er den Rest der Reise selber zu steuern, sondern er erfuhr bei unserer Rückkehr auch noch, daß der Hersteller nicht bereit war, die Garantie für ein Gerät zu übernehmen, dem trotz der Unschuldsbeteuerungen meines Skippers offensichtlich die Hälfte seiner Innereien fehlte. Für mich jedoch erwies sich das traurige Hinscheiden unseres automatischen Rudergängers als ein verkappter Segen, da es die Zeit unter Segeln verkürzte und die Zahl unserer Landfälle zum Ausruhen und Erholen erhöhte.

Doch Landfälle bergen ihre eigenen Traumata bei uns an Bord, wieder hauptsächlich wegen unserer verschiedenen Einstellung. Ich stürze mich auf das Handbuch und lese die Segelanweisungen schon in fünf Meilen Entfernung immer wieder durch, entwickle eine kräftige Neurose und plane unsere Ansteuerung um Felsen und Kaps herum, die bislang noch unsichtbar in der Finsternis vor uns verborgen liegen. Der Skipper sagt sich — vermutlich zu Recht —, daß ich genügend Panik für zwei verbreite, und verfällt in das andere Extrem, vertraut auf das Glück und der Theorie, daß die kürzeste Entfernung zwischen zwei Punkten immer die Gerade sei. Sich selbst überlassen, wird er einen Mast erkennen — der sich später vielleicht als Telegrafenmast erweist — und ungeachtet möglicher Hindernisse schnurgerade darauf zumarschieren, bis auf ein entsetztes Aufquieken eines auf dem Vorschiff postierten Kindes hin eine rasche Kursänderung erfolgt. Als Alternative vollführt das Schiff unter meinen rasenden Anweisungen eine Serie grundloser Drehungen und Wendungen wie eine geistesgestörte Hummel, die eine brauchbare Blume voraus zum Landen sucht. Schon ankernde Mannschaften, die unseren mühsamen Weg beobachten, können nur vermuten, daß wir entweder betrunken oder in Schwierigkeiten sind.

„Probleme mit der Steuerung, was?" fragen sie verständnisvoll, wenn wir an ihnen vorbeistolpern.

„Das können Sie laut sagen", erklärt der Skipper giftig, „kennen Sie meine Frau . . .?"

Ich gebe zu, daß ich in bezug auf Seehandbücher eine Phobie entwickelt habe. Obwohl mir der Skipper ständig versichert, daß sie auch die extremsten Bedingungen berücksichtigen — sagen wir: Ansteuerung mit einer 15-Meter-Yacht ohne Maschine mit 3,50 Meter Tiefgang bei Wind und Strom gegenan und in dickem Nebel —, kann ich dennoch ihren düsteren Warnungen vor verborgenem Unheil nicht mit derselben heiteren Skepsis begegnen wie er. Und der Grund hierfür ist einfach: Ich weiß genau, wer die Schuld dafür bekommt, wenn wir eines Tages irgendwo aufbrummen.

Ich denke da zum Beispiel an unsere Ansteuerung von Ardminish Bay auf Gigha Island. Dies ist einer unserer Lieblingsplätze, und obwohl das Handbuch ausdrücklich davor warnt, einzuschwenken, bevor nicht die alte Landepier für die Fähre gut querab peilt, entschied der Skipper sich dafür, lässig die Kurve zu kratzen — vermutlich, weil es auf die Öffnungszeit der Kneipen zuging. Sein Leichtsinn muß auch ein bißchen auf mich abgefärbt haben, denn ich zählte die freistehenden Felsen ab und sagte fröhlich, als gerade die Fähre vorüberrauschte: „In Ordnung, jetzt rein!" Ein paar Leute auf der Fähre winkten uns heftig zu. „Juhu!" schrien wir, erfreut durch den Empfang. Sie fuchtelten noch wilder mit den Armen, und erst dann bemerkte ich, daß die Möwe genau vor uns nicht, wie ich anfangs geglaubt hatte, auf den Wellen schaukelte, sondern gemächlich auf etwas sehr Solidem herumstolzierte. Wir verfehlten das Riff wirklich nur um Haaresbreite, doch noch wochenlang hinterher hatte ich die kleinen Sticheleien des Skippers zu ertragen. Zu den Kindern: „Beim nächsten Landgang werden wir euch neues Spielzeug kaufen — und für Mami einen Rechner." Zu Besuchern:

„Ach, jeder an Bord hat seinen Verantwortungsbereich. Meine Frau navigiert, und ich ziehe die Notbremse." Und zu unseren Clubkameraden: „Diese Saison brauchen wir das Antifouling nicht abzuschleifen. Les hat es unterwegs stückchenweise abgekratzt."

Genauso ärgerlich ist es bei der Rückkehr von deinem kühnen Ozeanabenteuer: Wenn du mit deinen Sportkameraden Erlebnisse austauscht, hatten sie immer einen viel schöneren Urlaub als du, ganz gleich, wie gut es dir gefallen hat. Oder wenigstens behaupten sie das.

„Ach, dir hat die Stadt X nicht gefallen?" fragen sie mit simuliertem Erstaunen. „Wir erlebten dort den schönsten Abend und trafen *Super*-Leute!" (Während wir eine deprimierende Stunde lang durch strömenden Regen tigerten, um einen Liter Milch und einen Kanister Diesel zu kaufen, und nur einen nassen Hund und einen feindseligen Hafenmeister trafen, der uns anknurrte, dort könnten wir *nicht* liegen, und die Gebühr betrage vier Pfund fünfzig. Vielen Dank!)

„Natürlich waren *wir* während der Regatta/des Golfturniers/des Bierfestes/des Staatbesuchs der königlichen Yacht BRITANNIA dort . . .", werden sie selbstzufrieden hinzufügen, als sei dies das Ergebnis wunderbarer Planung statt eines glücklichen Zufalls. Die einzigen Ereignisse, die mit *unserem* Einlaufen in Häfen zusammentreffen, sind gewöhnlich: Wasserknappheit, Streik der Müllabfuhr oder früherer Kneipenschluß. Alles, was wir dann noch brauchen, um unser Glück komplett zu machen, ist ein Schild: „Singen und Tanzen verboten. Kinder haben keinen Zutritt."

„Na na", sagen unsere Freunde mit einem Augenzwinkern und einem wissenden Rippenstoß, „da bist immer noch du und der Skipper . . . ich meine, ein Mann und eine Frau . . . da fällt euch bestimmt ein angenehmer Zeitvertreib ein, was . . .?" Nun ja, wir können gewiß daran *denken*. Doch das Tun ist eine völlig andere Sache.

9
Da gab's doch noch was . . .

Es ist häufig festgestellt worden, daß es keine engere Gemeinschaft gebe als die zwischen Bordkameraden. Wörtlich genommen ist dies nicht zu bestreiten. Innerhalb der Begrenzung eines kleinen Schiffs gibt es wirklich nicht viele Alternativen dazu, Schulter an Schulter (und auch mit intimeren Teilen der Anatomie) mit deinen Gefährten zu leben. Der eine arbeitet in der Pantry, der andere berechnet am Kartentisch den Standort, ein dritter schwankt den Niedergang hinunter und greift nach allem, das Halt verspricht. Aus dieser Situation kann sich ein heftiges, unvorhergesehenes Handgemenge mit Gequieke, Entschuldigungen und roten Gesichtern auf allen Seiten entwickeln.

Mit der Zeit gewöhnst du dich daran, obwohl die schamhafteren Mitglieder der Gemeinschaft zu absurden Verrenkungen Zuflucht suchen, um die Zurschaustellung nackten Fleisches und die daraus entstehende Verlegenheit zu vermeiden. Unser Sohn, der bald zehn Jahre alt wird und sich plötzlich seiner Würde bewußt ist, zieht sich jeden Morgen an, indem er einen Arm aus dem Schlafsack reckt, sein Kleiderpäckchen schnappt und damit wieder im Schlafsack verschwindet, wo er sich in seine Ausrüstung hineinschlängelt – wie ein Raubtier, das in einer Höhle gerade mit seiner Beute ringt. Doch die meisten von uns lernen, ihren moralischen Standard den Gegebenheiten anzupassen, und scheren sich nicht mehr darum, wenn trotz elefantenhaften Wurschtelns und Grunzens beim Ausziehen der Öljacke über den Kopf auch der Pullover mitgeht und wir uns in all unserer nackten Pracht einer Galerie faszinierter Augen darbieten. Wie es scheint, ist die Intimsphäre eine weitere Sache, auf die man beim Segeln verzichten muß.

Doch es gibt Zeiten, wo du genau das brauchst, selbst inmitten der lässigsten und tolerantesten Crew. Männer und Frauen in oft knapper Bekleidung eng auf einem Raum zusammengepfercht, durch die frische Luft und den Ruf der Wildnis stimuliert oder auch einfach, wie schon erwähnt, um die Wartezeit zu verkürzen — all dies führt nur zu der einen Sache. Doch davon später mehr. Zunächst muß ein prosaischeres, häufigeres und wahrhaftig dringenderes Bedürfnis bedacht werden: der Klogang.

Männer leiden nicht in demselben Maße wie Frauen. Ohne mich in biologische Einzelheiten vertiefen zu wollen, ist es doch offensichtlich, daß die geschickte Konstruktion der männlichen Anatomie es den Männern erlaubt, auf den Ruf der Natur mit einem kleinen beiläufigen Gang aufs Vorschiff zu antworten, vielleicht noch mit der hingeworfenen Bemerkung, sensiblere Crewmitglieder mögen ihren Blick kurzzeitig abwenden. Nicht so einfach ist das für die Damen, die gleichermaßen Zeit und einen Intimbereich brauchen, wenn sie, in Ölzeug, Jeans und einige Schichten wollener Unterhosen verpackt, ihr Ziel (und dieses Wort wähle ich mit Bedacht) mit einigermaßen Würde und befriedigendem Ergebnis erreichen wollen.

Bei meinem allerersten Ausflug auf einer Kielyacht zum Beispiel hatten wir guten Wind, dazu an Bord vier handfeste Mannsbilder, einen großzügigen Vorrat selbstgebrauten Biers, aber kein Klo. Als die Flaschen sich leerten und der Pegel des Vergnügens stieg, verdrückte sich ein Mann nach dem anderen, um „den Stand der Fock“ zu überprüfen, und kehrte sehr erleichert zurück. Ich durchlebte unterdessen alle Stadien von Fröhlichkeit über vages Unbehagen bis zu akuter Not, bevor einer meiner Kameraden die Symptome drohenden Nierenversagens erkannte, mir einen Blecheimer in die Hand drückte und auf den Salon wies. Dies war der Augenblick, in dem sich mir der Kardinalfehler sowohl bei der Konstruktion von Segelkleidung wie auch des weiblichen Körpers offenbarte. Es war unmöglich, sich mit einem festen, unnachgiebigen Wulst dicker Kleiderschichten in Kniehöhe gegen das lebhaft rollende Schiff auszubalancieren und gleichzeitig eine Verbindung mit dem Eimer herzustellen. Eine Serie schneller Wendemanöver, die zweifellos für die da oben an Deck sehr amüsant waren, ließen den Eimer und mich über den Boden rollen und verursachten bei mir lebenslange Freudsche Hemmungen.

Es war eine — sprichwörtliche — Erleichterung, daß unser nächstes Schiff über einigen Komfort verfügte, obwohl man sich auf dem Weg zum Klo zusammenfalten und vorwärtsschlurfen mußte wie ein Höhlenforscher. Das Klo hatte einen riesigen Pumphebel mit einem großen schwarzen Knauf, offenbar dazu gedacht, jeden niederzuschlagen, der nicht buchstabengetreu die sorgfältig formulierten Anweisungen befolgte, die in deutlicher Schrift und rot unterstrichen an die Tür angeschlagen waren. Tatsächlich fragten wir uns manchmal, was wohl dem Freigeist geschehen möge, der sich weigerte, „wiederholt und kräftig bei geschlossenem Deckel“ zu pumpen — würde er vielleicht zu früher Morgenstunde in einem See von verdünntem Abwasser ertrinken? Unser eigenes robustes Pumpen ließ den schwarzen Knopf eines Tages abfliegen und in der Bilge verschwinden. Dort widerstand er allen Rettungsversuchen und vergnügte sich statt dessen damit, in den stillen Nachtstunden vor Anker nervtötend herumzuklötern.

Jedoch verlautbarte die Bedienungsanweisung nichts über das Ordnen der Kleidung vor Verlassen der Anstalt, und das aus gutem Grund, denn selbst der agilste Schlangenmensch hätte dort seine Mühe gehabt. Es gab keine Stehhöhe; also mußte die herabgelassene Kleidung noch im Sitzen schrittweise von den Knöcheln bis zu den Knien hochgekrempelt werden, anschließend weiter bis zur Brust, während man wie beim Gebet niederkniete. In diesen Fertigkeiten ungeübte Besucher wurden auf dem Boden herumkollernd gefunden, heftig an Reißverschlüssen zerrend und keuchend wie ein von einer Schlange Gebissener im Todeskampf. Das Vorluk war zu weit entfernt, um das Problem zu vereinfachen, doch nahe genug für die reelle Chance, von oben überraschenden Besuch zu bekommen oder während eines Segelwechsels in Wogen nasser Genua zu ersticken, wenn man nicht vorher die gesamte Crew von seinen beabsichtigten Aktivitäten unterrichtet hatte.

Bei unserem nächsten Schiff war das Luk direkt über dem Klo, was eine kleine Erleichterung bedeutete, da du deine obere Hälfte halb hinaus in die Elemente schieben konntest und dadurch mehr Leeweg bekamst. Dies verschaffte auch eine nützliche Ventilation und bedeutete zudem, daß du dich nie alleine zu fühlen brauchtest, da dein scheinbar abgehackter Kopf einen herzhaften Klön mit den Decksleuten führen konnte. Andererseits jedoch hast du oft die wild flatternde Fock um die Ohren bekommen, und wenn das Schiff die Nase in eine große grüne See tauchte, spülten dir einiger Liter davon sauber das Rückgrat runter, meist zu genau dem falschen psychologischen Zeitpunkt. Außerdem war es nun möglich (und ich bewies es), durch das Vorluk zu fallen und mit beiden Füßen das Toilettenbecken zu verstopfen, was mit zwei verstauchten Knöcheln und höchst unhygienischen Decksschuhen endete. Ich versuchte gerade, einer tränenüberströmten Versammlung besorgter Anverwandter auf der Hafenmauer ein herzhaftes Adieu zu entbieten, als es passierte. Ich verschwand mit einem erschreckten Quieken in der Grube wie Pu der Bär in seiner „Heffalump"-Falle.

In unserem nächsten Schiff, einem umgebauten Fischerboot, hatten wir ein Klo mit verschwenderisch viel Platz, in dem man nicht nur stehen, sondern auch noch einen Handstand machen konnte, wenn einem danach war. Das Becken war wie ein Museumsausstellungsstück auf einen Sockel montiert. Es hatte eine Mahagonibrille und blitzende Messingbeschläge. Das Spülen erforderte Herkulesstärke, und die verrotteten Dichtungen produzierten Lecks wie Niagarafälle. Hinter dem Klo befand sich der Kettenkasten, der unsere solide Ankerkette beherbergte, die bei jeder Schiffsbewegung Grabesächzen und -rasseln von sich gab. In dunkler Nacht, bei eisiger Luft und glitzerndem Kondenswasser überall, erwartete man jede Sekunde einen Schwarm Fledermäuse und eine geisterhafte Erscheinung.

Moderne Schiffsdesigner haben mit unterschiedlichem Ergebnis versucht, das Problem der Intimzone zu lösen. Unsere jetzige Toilette ist vom Salon abgetrennt, so daß ihr Gebrauch die Düfte des Abendessens nicht über Gebühr überlagert. Aber sie ist zur Vorpiek hin offen, und jeder, der so unklug ist, dort in der Koje ein Nickerchen zu machen, wird wahrscheinlich würzigen Besuch erleiden oder ohne viel Federlesens aus der Koje komplimentiert werden.

Als Alternative gibt es eine Reihe niedriger Türen, die abwechselnd verschiedene Bereiche abschotten, je nachdem, welchen du isolieren willst. Diese Türen rufen beim Besucher Verwirrung hervor, selbst bei dem Eingeweihten gelegentlich gequetschte Finger und beginnende Platzangst bei allen. Doch nachdem sie uns erfolgreich ein klein wenig Privatsphäre verschafft haben, können die Designer es nicht lassen und packen den vorhandenen Raum mit kleinen „Extras" voll, um eine weibliche Note hineinzubringen. „Die Dame Ihres Herzens wird den luxuriösen versenkbaren Schminktisch und das herausziehbare Waschbecken lieben", verspricht die Werbung. Wenn es aber rausgeschossen kommt, wenn du es am wenigsten erwartest, und dich am Hinterkopf erwischt, dann wirst du es nicht lieben! Oder was ist mit diesen spiegelverglasten Schapps über dem Klo, auf denen die Designer bestehen? Der Spiegel hängt nie in der richtigen Höhe — es sei denn, du hältst öfter Nabelschau —, und der Inhalt der Fächer hat die heimtückische Neigung, unterwegs herumzurutschen, so daß sich beim Zurückschieben der Tür ein Wasserfall von Zahnbürsten, Haarnadeln und dem persönlichen Valiumvorrat in die Toilette darunter ergießt. Wenn sie nicht sofort herausgefischt werden, wird das Pumpsystem seine Tätigkeit einstellen, und jemand wird die üble Aufgabe angehen müssen, das System auseinanderzunehmen und in seinen bösen Tiefen herumzutasten, um die Blockade zu beseitigen. Der glückliche Kandidat wird damit belohnt, daß er sein Essen eine Woche lang alleine einnehmen darf.

„Legst du noch Wert auf diese Haarnadeln?"

Die vielleicht größten Schwierigkeiten tauchen auf, wenn du als Besucher auf einem fremden Schiff an einem geselligen Beisammensein teilnimmst. Du schleichst dich zur Toilette in der Hoffnung, unbemerkt entkommen zu sein. Du tust, was du zu tun hast, inbrünstig hoffend, daß die lustige Runde nebenan die unvermeidlichen Begleitgeräusche übertönt — so wie Regen auf einem Blechdach (seltsam, wie ihnen immer gerade im entscheidenden Augenblick der Gesprächsstoff ausgeht). Dann versuchst du zu spülen. Und du wirst es niemals richtig machen, wetten? Natürlich herrscht jetzt nebenan völlige Stille, während sie alle ein wissendes Lächeln austauschen. Schließlich, nachdem deine zunehmend verzweifelten Versuche kein Ergebnis gezeitigt haben, mußt du errötend und verlegen herauskommen und einen völlig Fremden darum bitten, deine Unzulänglichkeit wiedergutzumachen.

Doch wenn diese erzwungene Intimität ein Problem an Bord ist, wieviel schlimmer noch sind die Gelegenheiten, wenn du gerade Lust verspürst — oder hättest, falls die Chance dazu gegeben wäre. Beim Betrachten der Segelfilme im Fernsehen oder der Berichte von Bootsausstellungen muß der Unkundige annehmen, daß wir eine der lustbetontesten Sportarten ausüben. Mannbare Blondinen in winzigen Bikinis räkeln sich auf dem Vordeck, während stämmige, wettergestählte Skipper ihre Muskeln am Ruder spielen lassen — das enge Beisammensein, das Prickeln salzigen Sprays im Gesicht, kühler Wind im Haar, das alles muß doch sicherlich männliche und weibliche Urbedürfnisse wecken? Auch die Schiffe selbst haben unleugbar Sex-Appeal, wenn der scharfe Bug durch die Wellen schneidet, die liebevoll die schlanken Kurven des Rumpfes entlanglecken und sich in einer sahnigen, lebhaften Woge am Heck vereinigen. Die Masten ragen hoch und stolz auf und stoßen kraftvoll nach oben. Der Symbolgehalt ist unübersehbar, nicht wahr?

Ach ja, aber diejenigen unter uns, die tatsächlich segeln, wissen nur zu gut, daß nicht alles so ist, wie es dem neidischen Außenseiter erscheint. Kannst du dir etwa vorstellen, daß wir nach einem Tag, der vergangen ist mit Segelsetzen, dem Zerren an nassen Schoten, wobei jeder Muskel ständig angespannt wird, um das Gleichgewicht in einer lebhaften See zu bewahren, daß wir dann, nach solch einem Segeltag, die Nacht damit verbringen, uns wollüstig zu verlustieren? Diese winzigen Bikinis mögen für Strandvergnügungen gewiß großartig sein, doch auf See irgendwo in unseren Küstengewässern wirst du bald fieberhaft aus deinem Schapp Unterhemd, lange Unterhosen, wollige Hosen und einen dicken Pullover hervorkramen und alles mit Ölzeug krönen — eine Ausrüstung, die dir garantiert das Aussehen eines russischen Kugelstoßers verleiht.

Selbst wenn die Lust dich plötzlich packen sollte, ist sie dir sicherlich vergangen, bis du deinen Strip vollendet hast. Er könnte dir dabei helfen, das wäre sogar

Winzige Bikinis mögen für Strandvergnügungen gewiß großartig sein . . .

eine erhebende Erfahrung, aber nicht, wenn er dir einen Stiefel in den Magen stemmen muß, um dich von deiner Öljacke zu befreien. Und hast du jemals versucht, nach einem Tag auf See deine Finger verführerisch durch die verfilzten Locken deines Traummannes gleiten zu lassen? Es ist wie der Versuch, eine verknotete Angelschnur wieder aufzutütern. Tausche einen leidenschaftlichen Kuß aus, und der Geschmack wird dich an Salzheringe erinnern, die ihre beste Zeit lange hinter sich haben. Und was ist mit diesen Händen, von denen du hoffst, sie mögen deinen weich nachgebenden Körper streicheln? Wenn er nicht die Sorte Mann ist, die nachts unter den weißen Handschuhen eine dicke Schicht Niveacreme aufträgt (laß dir sagen, daß es von *diesen* nicht allzuviele in der Segelszene gibt), wirst du dich nach der hastigen Umarmung im Schlafsack fühlen, als hätte man dir eine Abreibung mit grobem Sandpapier verpaßt.

Doch was soll's! Wir sind hart im Nehmen, wir Seglerinnen! Wir gehen durch dick und dünn, und es besteht kein Zweifel, daß die belebende Seeluft, das gesunde, freie Leben des Seemanns, die Langeweile eines langen Törns, daß all das zusammenkommen *kann*, um die alte Libido in die richtige Richtung hin zu stimulieren. Doch die Frage ist: Wann und wo?

Zu wann: Also, beim Rennsegeln kannst du es vergessen! Die meisten Skipper verdrängen ihre Basisinstinkte leicht über den Anregungen des Wettbewerbs, und der Rest der Crew könnte meinen, die Chance für ein wenig Voyeurismus unterwegs sei keine angemessene Entschädigung dafür, mit dem letzten Rest der Flotte über die Ziellinie zu humpeln. Für die Fahrtensegler stehen die Chancen günstiger, dennoch: Die Crew muß entweder sehr diskret oder sehr aufgeschlossen sein, oder du brauchst eine außerordentlich verläßliche Selbststeueranlage. Es müßte schon ein sehr dummes oder über die Maßen ausgehungertes Paar sein, das auf Schiffahrtsrouten oder Fischgründen ein Risiko eingeht.

Sicherlich hilft ein gewisser Exhibitionismus — doch mir liegt das nicht besonders. Einmal segelten wir an einem einsamen Küstenstrich vor West Cork, als mich plötzlich der Drang nach einer kühlen Dusche überkam. Ich legte mir Seife und Handtuch bereit, dazu einige Pützen eisigen Frischwassers, und zog mich selig vor den faszinierten Augen von Ehemann und Kindern aus und kippte mir die erste Pütz über den Kopf. Mir war so, als hörte ich Applaus, als das Wasser herunterrann, doch erst als ich wieder gucken konnte, bemerkte ich, daß meine Zuschauer nicht nur aus meiner Familie bestanden, sondern auch aus der Crew eines Küstentrawlers, die beim Vorbeifahren herüberlungerte. Sie wendeten und kamen noch einmal zurück, was vermutlich als Kompliment zu werten ist, doch da kauerte ich schon naß im Salon und blieb dort unten hocken, bis sie wieder nur noch ein Pünktchen am Horizont waren.

Wenn Sex auf See nicht realisierbar ist, bleibt die Après-Zeit, wenn du sicher vor Anker oder am Steg liegst. Vernachlässigen wir im Interesse des Themas die Tatsache, daß nach einer Stunde, die damit verbracht wurde, das Schiff für die Nacht vorzubereiten (lebenswichtig für die Sicherheit), und nachdem du eine große Mahlzeit gekocht und verspeist hast (wichtig für Stimmung und Gesundheit) und einige große Scotchs gekippt hast (wichtig fürs Gemüt), dir nur noch nach einem verlangt: in die Koje zu krabbeln und bis zum Morgen auszuschlafen. Nehmen wir statt dessen an, der Geist sei willig, bleibt aber immer noch das Problem der Privatsphäre oder vielmehr der Mangel daran.

In einer stillen, balsamischen Nacht, in der weder Wind noch Strom das stille Wasser des Ankerplatzes kräuseln, kann es für die benachbarten Crews peinlich offenkundig werden, daß das rhythmische Schaukeln eines einsamen Schiffes anzeigt, daß unter Deck mehr geschieht als unschuldiger Schlaf. Wenn du aber längsseits an einem Schiff liegst, ist es noch schlimmer. Die Rümpfe moderner Yachten sind sehr dünnwandig, und wenn du hörst, wie dein Nachbar morgens die Eier in die Pfanne schlägt, kannst du dir vorstellen, was für ein faszinierendes Hörspiel ihm deine eigenen Aktivitäten in der vergangenen Nacht bereitet haben. Die Unterhaltung wird deshalb ein klein wenig gestelzt sein, um es taktvoll auszudrücken.

Doch selbst wenn dein Timing hinhaut, bleibt immer noch die Frage, wo du deinen Plan durchführen willst. Schiffe, die eine geräumige Doppelkoje anbieten, sind selten. Meist sind die Kojen hinter etwas versteckt, über oder unter irgendwas, und bieten nur minimalen Bewegungsraum für eine Person in einem engen Schlafsack für einige Stunden Schlaf – nicht mehr. Es kann eine traumatische Erfahrung werden, wenn dein geliebtes Wesen plötzlich mit Schmerzensgeheul in die Luft schießt, weil sein ungeschützter Achtersteven bösartigen, nervenzerfetzenden Kontakt mit einer scharfen Ecke des Kartentischs hatte.

Nicht viele Schiffe haben solchen Luxus wie Satinbettwäsche, Felldecken und Federbetten zu bieten. Wir Segler bevorzugen Schlafsäcke, die selbst zum Schlafen schon ziemlich eng sind, geschweige denn für ausgelassene Aktivitäten. Wenn zwei Leute darin herumschubbern, auch wenn es sich um ein ausgefeiltes Modell handeln sollte, das zu einem Doppelschlafsack verändert werden kann, bist du bald hoffnungslos verheddert in einem Gewirr von Armen, Beinen und wattiertem Nylon. Und es ist keine Hilfe, wenn das Schiff nicht die einzige in den Hüften etwas behäbige Dame ist. Eine Freundin drückte es folgendermaßen aus: „Sex an Bord — für Dünn' der Ort, aber die Dicken, die tut's zwicken." Wie wahr, wie wahr.

Wenn ich bei meinen männlichen Bekannten dieses Thema anschneide, sind sie seltsam zurückhaltend, reagieren nur mit Rippenstößen, wissendem Grinsen und Augenzwinkern, das niemanden täuscht. Nur einer war so mutig, die Wahrheit zu sagen — ein lockerer Vogel, der dich an Land nicht im unklaren darüber läßt, daß sein Herz und auch seine mehr hervorragenden Eigenschaften an der rechten Stelle sitzen.

„Du schreibst über Segeln und Sex?" fragte er mich verächtlich. „Schreib nur die Überschrift, laß die Seite leer, und du hast die Sache treffend ausgedrückt. Tatsächlich weiß ich wirklich nicht, warum wir euch Frauen überhaupt mitnehmen."

Damit ist wohl alles gesagt.

10
Schwestern im Ölzeug

Es war eine typische Szene am Ende eines Segeltages. Das Schiff befand sich im Zustand eines mittleren Chaos, die Kinder quengelten, der Skipper und ich waren kaum liebenswürdiger, nachdem wir bei Erreichen des Kanals feststellten, daß die Schleusentore geschlossen waren, ohne Hinweis darauf, ob der Schleusenwärter sich nur schnell mal ein Bier einpfiff oder zum Wochenende nach Hause abgesetzt hatte.

Wir hatten uns gerade an eine günstige Mole verholt, als eine andere Yacht in Sicht kam. Ein stolzes Schiff war sie, nagelneu, Segel und Leinen glänzend und von der anfänglichen Sauberkeit des Neuerwerbs. Ebenso war die Crew (offensichtlich Mann und Frau) in strahlendes, fleckenloses Ölzeug, passende Seestiefel und schicke, weißer als weiße Wollmützen verpackt. Es gab einen Augenblick unruhigen Schwankens, als sie ebenfalls die geschlossenen Schleusentore bemerkten, und dann die Entscheidung: „Wir gehen an dem anderen Schiff längsseits, Liebling."

„Oh", zirpte sie, „was soll ich tun, Schatz?"

Unter seinen freundlichen Hinweisen hastete sie an Deck auf und ab, legte Festmacher an Bug und Heck bereit, und mit kaum wahrnehmbarem Knirschen — entschuldbar, da der Wind zulegte — hatten wir neue Nachbarn bekommen.

„Was soll ich jetzt tun, mein Herz?" fragte sie und hing mit ängstlicher Miene an unserer Reling.

„Gib die Vorleine rüber, Liebling." Sie gehorchte lächelnd. „Jetzt die Achterleine, Schatz. Nein, sie muß durch die Klampe laufen, erinnere dich."

Gab ihnen eine eindrucksvolle Geschwindigkeit . . .

Nachdem alles getan war, richtete sie sich auf und betrachtete zufrieden ihr Werk. „Da, alles sicher und in Ordnung. Und jetzt einen schönen Kaffee, meinst du nicht auch?“ Und summend schlüpfte sie unter Deck, um ihren häuslichen Pflichten nachzugehen. Doch gerade als wir das erste dünne Pfeifen des Wasserkessels hörten, schwangen die Schleusentore auf.

„Los geht's!“ sagte mein Skipper wegen seines längst überfälligen Abendessens ungeduldig. „Sie zuerst“, ermunterte er den Neuankömmling.

„Ah, gut, ja . . . hm . . . könntest du wohl hochkommen, Liebling? Wir fahren jetzt los.“ Sofort erschien „Liebling“, der Wasserkessel hatte abrupt das Pfeifen eingestellt. Mehr Gehaste, als sie nach vorn und achtern stürzte, um Vor- und Achterleine loszumachen. Anschließend verschwand sie, erfreut über die richtige

Ausführung, wieder unter Deck, um sich vermutlich weiter dem Kaffeekochen zuzuwenden.

In diesem Augenblick passierte alles auf einmal. Der Wind, der jetzt stark zugelegt hatte, erwischte sie breitseits, und das Schiff legte sich mit gedämpftem Klirren zerbrechenden Geschirrs jäh auf die Seite. Das einrauschende Schleusenwasser schleuderte den Bug herum und geradewegs auf die Kaimauer zu. Die oberen Zentimeter der nachlässig an die Reling gebändselten Genua, die am Vorstag hoch- und runtergerutscht waren, füllten sich plötzlich mit Wind und gaben dem Schiff eine eindrucksvolle Geschwindigkeit auf die Steine zu.

„Aaa, du Aas!" zischte der Skipper und wurde genauso weiß wie die Mütze. Ein erhitztes Gesicht erschien im Niedergang.

„Kann ich etwas tun, Schätzchen?"

„Ja, verdammt noch mal", brüllte er, „starte die verdammte Maschine, du stehst neben dem verfluchten Ding!"

Zum Glück antwortete der Motor sofort, und sie erreichten sicher die Schleuse, doch der häusliche Sturm legte sich nicht, denn wir hörten seine gepeinigten Schreie: „Fender, Frau, um Himmels willen, wo sind die Fender? Hast du die verflixte Wurfleine noch nicht parat? Was, zum Teufel, soll das heißen, wie sie aussieht?"

Als wir bei ihnen in der Schleuse waren, war die Lage unter Kontrolle, und ebenso die Lady, aber nur mühsam. Mit schwimmenden Augen umklammerte sie das Vorstag, als hinge ihr Leben davon ab.

„Mein Gott", brachte sie hervor und lächelte tapfer, wenn auch ein wenig verwässert, „ich fürchte, er wird manchmal ziemlich wütend. Das ist alles so neu für mich, wissen Sie."

Ich wollte ihr einen Brosamen Trost spenden und ihr versichern, daß die dramatische Vorführung, deren Zeugen wir eben geworden waren, nicht im geringsten ungewöhnlich war und daß selbst dann, wenn sie schon zwanzig Jahre Segelerfahrung hätte, sie sicher sein könne, dieselbe Behandlung zu erfahren, und daß durch das bloße An-Bord-Treten die harmonischste Zweierbeziehung sich in ein rauchendes Schlachtfeld verwandeln kann. Und ich *hätte* es ihr auch erzählt, wenn nicht, als ich Luft holte, um anzufangen, sich die Schleusentore mit heftiger Wasserturbulenz geöffnet hätten. Und weil ich die Wurfleine fallengelassen hatte, um meine Rede durch Gesten eindringlicher gestalten zu können, befand ich mich plötzlich in meiner eigenen Bredouille, während der Skipper Hohn und Verachtung über mir ausschüttete. Danach brauchte nichts mehr gesagt zu werden, wir tauschten Grimassen bitteren Verstehens aus — Schwestern im Ölzeug.

Doch dieses spontane Kameradschaftsgefühl zwischen segelnden Frauen reicht nicht tiefer als das Ölzeug. Trotz der offensichtlichen Ähnlichkeit haben wir darunter genausoviel Individualität und auch Ekzentrik verborgen wie unsere Männer. Ein Anthropologe auf der Suche nach außergewöhnlichen Verhaltensmustern könnte seine Studien der finstersten Stammesriten in Afrika getrost zugunsten einer eingehenden Würdigung der Clubmitglieder eines beliebigen, durchschnittlichen Yachtclubs aufgeben.

Sieh dich in irgendeiner Clubbar um, wenn sich die Crews versammeln, um sich von ihren Seeabenteuern zu entspannen, und du findest deutlich die sich abzeichnenden Unterschiede heraus. Da sind zum Beispiel die Fahrtentypen auf einem Haufen, um „von den Erfahrungen der anderen zu profitieren“ oder, um es genauer zu formulieren, hochverschnörkelte und irgendwie dubiose Berichte ihrer eigenen Courage angesichts drohender Unbill auszutauschen oder umwerfende Lyrik über die Vollkommenheit einsamer Ankerplätze zu verfassen, die den Autoren der Seehandbücher bislang verborgen geblieben sind. Mein Skipper ist ein Paradebeispiel dafür.

„Hatten den ganzen Ankerplatz für uns allein. Wundervolles Gefühl der Einsamkeit ... Nähe zur Natur ... das genau ist doch der Sinn des Lebens ...“, wird er schwärmen und einen Schnappschuß mit einem winzigen Flecken schwingen, der unsere Yacht sein könnte oder aber auch nicht, die im strömenden Regen in einem freudlosen, felsübersäten Teich vor Anker liegt, den wir zufällig angesteuert hatten und aus dem wir nur mit großem Glück heil wieder herausgekommen waren.

Unterdessen stehen die Regattafanatiker in einer anderen Gruppe zusammen, nehmen eine aggressive Haltung ein, verschütten den Schaum ihres Biers, während sie sich vorbeugen und sich gegenseitig vor die Brust stoßen, um zum hundertsten Male die Berechtigung eines Protestes durchzuargumentieren, der vor drei Wochen beigelegt worden ist. Und um einen Tisch, ein wenig von der einfachen Herde entfernt, finden wir zusammengedrängt die in Tabakrauch und Geheimnisse eingenebelten Clubpolitiker. Ihre Diskussionen werden mit verschlagenem Unterton geführt, damit wir anderen weder die Banalität der Themen noch die wahre Natur dessen erfahren, was wir treuherzig für Clubdemokratie halten.

Frauen sind in diesen Cliquen gewöhnlich in der Minderheit — obwohl die lauteren unter uns führende Rollen einnehmen können. Doch exklusiv weiblich ist die Gruppe der selbstlos sich Aufopfernden, der Arbeitsbienen in der komplizierten Struktur einer Yachtclub-Gemeinschaft. Sie glucken gewöhnlich eng zusammen und besprechen die nächste Aufgabe, sei es die Festlegung eines neuen Turnus, wer nun die Rollhandtücher mit nach Hause nimmt und wäscht, sei es die Ermittlung der genauen Anzahl der Würstchen, die beim Kinderfest benötigt werden. Ich nahm an Diskussionen teil, die sich bis weit nach Kneipenschluß hinzogen, deren zentrales Thema nichts Dringenderes war als die Frage, wieviel Erwachsene, Kinder und Kleinkinder gut satt werden von einer Packung tiefgefrorener Pommes frites. Diese Damen sind zu Recht im Club beliebt, denn ihr Beitrag zur sozialen Szene steht außer Frage. Ihre seglerischen Qualitäten jedoch können im Verborgenen liegen.

Nehmen wir zum Beispiel unsere Edna. Ihr Familienschiff ist zweifellos *das* tipptoppe Schiff der Flotte — nicht nur sind die Teppiche ewig fleckenlos, sondern einem Gerücht zufolge wird auch die Bilge wöchentlich mit dem Staubsauger bearbeitet —, und im Club schrubbt sie die Duschräume, wischt das Guinness von den Wänden, bereitet den Erfrischungstee nach den Regatten und vieles mehr. Doch wenn die Segelsaison beginnt, ist sie zufrieden damit, sogar begierig darauf, in den Hintergrund zu treten. Wenn die Crew mit den letzten Vorbereitungen für den Start beschäftigt ist, wird sie den Steg entlangschwanken, in einer Hand einen Plastikkasten mit selbstgebackenen Plätzchen, die garantiert beim ersten Bissen in einer Krümelkaskade auf dem Cockpitboden explodieren, und in

„Zum Glück konnte ich ihn korrigieren, Chay, ich sagte . . ."

der anderen Hand schleppt sie einen noch zischenden Dampfdrucktopf. Letzterer enthält ein kleistriges Stew, das durch seine Überfülle an Zwiebeln die magere Fleischration derart überspielt, daß die unglückliche Mannschaft in ihrer ersten Nacht auf See dazu verurteilt ist, große Winde zurückzuhalten oder mit unterdrückten Schreien innerer Qualen einen Trommelwirbel an die besetzte Klotür zu hämmern. Dann, nach getaner Pflicht, wird Edna ihnen liebevoll, doch sehr endgültig zuwinken.

Trotz Ednas Beispiel wäre die Annahme falsch, daß Frauen nur segeln gehen, wenn sie entweder bestochen oder gekidnappt worden sind. Tatsächlich verschreiben sich viele dem Sport — oder versuchen es wenigstens angestrengt, diesen Eindruck zu erwecken — und schießen in ihrem Bemühen weit über das Ziel hinaus, den Beweis anzutreten, daß es keinen wirklichen Unterschied zwischen den Geschlechtern gibt und daß Härte und Mumm nicht nur auf der männlichen Seite zu finden sind. Du wirst uns erkennen — meine Freunde versichern mir, daß ich mich selbst zu dieser Kategorie zählen muß — an unserer sachlichen Arbeitskleidung, die mit Farbe und Antifouling bekleckert ist, an unserem übereifrigen Ausdruck und unserem herzhaften Kumpelgehabe. Wir sind dafür bekannt, zweifelhafte Witze zu erzählen und zu versuchen, beim Trinken mit unseren Männern mitzuhalten, um anschließend die ganze Gesellschaft in bewegenden Shantys anzuführen, verbunden mit viel Juchhu und Schulterklopfen.

Mein eigener froher Glaube, daß ich ein gesundes Mittelmaß zwischen diesen Segelstereotypen steuere, wurde zerstört, als wir uns in froher Runde zusammenfanden, um unserer Sommertörns zu gedenken.

„He, erinnert ihr euch an diese Superfrau, die wir in Stornoway gesehen haben?" fragte einer der Skipper seine Crew.

„Die eine, die so lachte wie ein Tölpel und aussah, als hätte sie die Rettungsweste *unter* dem Pullover an?"

„Na klar", grinsten sie und schwenkten ihr Bier, „das Deck hat unter ihr nachgegeben, wenn sie nach vorne ging. Sie hatte Muskeln wie ein japanischer Ringer."

„Und das Größte war", fiel ein anderer ein und verschluckte sich fast bei der Erinnerung. „Als er das Kommando gab, den Anker fallen zu lassen, hat sie das verdammte Ding mit beiden Händen rausgeworfen!" Und sie kugelten sich vor Vergnügen, ich ebenfalls, bis sie die Bombe platzen ließen.

„Und wir meinten alle", kicherte er und wischte sich die Lachtränen fort, „*sie erinnere uns an dich, Les*!"

Ich versuchte angestrengt, mit gefrorenem Lächeln in den allgemeinen Frohsinn einzustimmen, doch irgendwie klang mein Gelächter nicht so echt wie ihres, als ich mir im stillen Rüschenblusen, wenig Kalorien und eine große Portion hilfloser Weiblichkeit für mindestens einen Monat verschrieb.

Doch es ist unmöglich, eine Fassade für längere Zeit aufrechtzuerhalten. Die See hat ihre eigene Art, Affektiertheiten zu entlarven. Die Glamourgirls schaffen es irgendwie, stets einen Kopf mit teuren, lässigen, doch seidig glänzenden Locken und Hände mit lackierten Nägeln alle in derselben Länge zu behalten, doch der Rest von uns sieht nach nur wenigen Stunden auf See so aus, als bestritten wir unseren kärglichen Lebensunterhalt durch das Ausnehmen von Heringen bei Dauersturm.

Zum Schluß dürfen wir nicht die segelnden Superfrauen vergessen, die Einhandseglerinnen und Weltumseglerinnen, die ganz selbstverständlich Rekorde aufstellen, die den härtesten Mann grün vor Neid werden lassen. Gewiß haben ihre Rekorde sie, weit entfernt von uns gewöhnlichen Sterblichen, hoch in den Himmel gehoben, doch wir können uns wenigstens mit dem Gedanken trösten, daß auch sie irgendwann einmal angefangen haben. Ich wette, daß sie in ihren Anfängen von Fehler zu Fehler taumelten, von Irrtümern zu (Beinahe-)Unfällen, genau wie ich es tat und, laßt uns ehrlich sein, wie ich es manchmal immer noch fertigbringe!

Der einzige Unterschied ist, daß *sie* es für richtig hielten, darüber zu schweigen.